02794 Spitzkunnersdorf, Obere Zeile 4 A
Redaktionelle Mitarbeit: Siegesmund Pfeifer
Lektorat: Dr. Rainer Lehmann
Inhalt-Fotos: Privatfotos von Heinz-Otto Hermann
Tel.: 03586/789232

ISBN 3-933827-15-9

Heinz Urban

ROTKÄPPCHEN

Der tragische Versuch einer Existenzgründung

1. Wie aus Heinz-Otto Hermann „Rotkäppchen“ wurde

Die Versuchung reift

Weihnachten war vorüber, „Weihnachten - das Fest der Freude und des Lichtes“. Als puren Hohn empfand Heinz-Otto, beidarmig auf den Verriegelungsbalken der Pferdekoppel gestützt, diesen Slogan, wenigstens für das abgelaufene. In ihm konnte weder Freude aufkommen, noch sah er Licht. Er musste sich über die Feiertage mächtig zusammenreißen, um Viola, seiner Frau, und den beiden Töchtern, der siebzehnjährigen Verena und der neunjährigen Theresa, die gemeinsamen Stunden nicht durch Miesepetrigkeit zu versauern.

Eigentlich hatte er nie in seinem Leben Geldsorgen gehabt. Zweiundzwanzig Jahre war er bei der Armee gewesen, von der Bundeswehr übernommen und dort sogar noch zum Hauptmann befördert worden. Dann schlossen sie den Fliegerstützpunkt in Kamenz; er wurde entlassen.

Die anschließenden zwei Jahre als Schwimmmeister in Bischofswerda, bis sie das Bad zumachten, waren eine schöne Zeit.

Für einen Arbeitslosen, der er ja nun war, kam dann ein mehr als verlockendes Angebot, in eine westdeutsche Immobilienfirma als Gesellschafter und Außenstellenleiter einsteigen zu können.

Er hatte Bedenken geäußert, ob er das meistern würde; er war weder Baufachmann noch Kaufmann. Das sei heutzutage unwesentlich, wurde ihm gesagt, auf Kreativität und Einsatzbereitschaft käme es an.

Damit hatte Heinz-Otto nun wirklich keine Probleme. Gutgläubig, wie er schon immer war, ging er den Fallenstellern auf den Leim.

Heinz-Otto Hermann in seiner Zeit als Bademeister

Allzuschnell fiel er auch auf das verlockende Angebot des Arbeitsamtes herein das ein großzügiges Übergangsgeld für den Weg in die Selbständigkeit anbot. Niemand klärte ihn über die Kehrseite der Medaille auf, nämlich dass im Falle eines ungünstigen Geschäftsverlaufes nach einer bestimmten Zeit sein Anspruch auf Arbeitslosengeld weg und auch seine Altersversorgung nicht gesichert ist.

Er holte fleißig Aufträge herein, die beiden Herren aus dem Westen kassierten die Vorauszahlungen und tauchten unauffindbar unter.

Über Nacht hatte er zweihunderttausend Mark Schulden am Hals.

Als rettenden Strohhalm ergriff er das Angebot der Industrietreuhandgesellschaft München-Dresden, als Außenstellenleiter auf Provision neue Häuser zu verkaufen.

In einem Neubaugebiet am Heiderand in Arnsdorf hatte ihm die Gesellschaft ein Musterhaus hingesetzt. Dort schloss er einen Vertrag nach dem anderen ab, es lief einfach erfreulich.

Ausgesorgt, dachte er, die Zweihunderttausend ein Pappenstiel!

Doch diese Häuser stehen heute noch nicht. Er hatte sich vom Namen der „Gesellschaft" täuschen lassen. Der Namenszusatz „Treuhand" klang damals sehr offiziell.

Zum zweiten Mal war er Strolchen aus der Richtung des Sonnenunterganges aufgesessen, die ihn kaltschnäuzig hängen ließen.

Das Wasser bis zum Hals, hätte er schon längst die Insolvenz einleiten lassen müssen. Immer wieder schob er das hinaus. Hoffte auf ein Wunder, das es nicht gab?

Es stand zu viel auf dem Spiel, allem voran sein Ansehen. Nicht vorstellbar, dass Verwandte, Freunde und Bekannte mit Fingern auf ihn als einen Versager zeigen würden.

Er hatte doch wirklich etwas geleistet. Zum Beispiel das neue Haus, in seinen zwei Schwimmmeisterjahren hatte er es gebaut, fast alles selbst gemacht. Und an die Familie durfte er dabei gar nicht erst denken!

Das Wiehern der Stute Gloria unterbrach sein trübes Resümee. „Ja, du bekommst dein Stück Zucker, sei nicht so ungeduldig!" Der Luxus des reichen Hermann, hatten die Nachbarn getuschelt, als er das Pferd kaufte, obwohl er kein Geld hatte. Verena, die Große, war begeisterte Reiterin. Nicht nur gebettelt, angefleht hatte sie ihn, als der Verein aufgelöst wurde und sie sich von ihrem Lieblingspferd nicht trennen wollte. Nach seinem entschiedenen „Nein" sprach sie

Das selbstgebaute, kleine Einfamilienhaus, Heinz-Otto Hermanns Stolz

Seine Kinder und ein Teil des „Privatzoos"

tagelang nicht mehr mit ihm. Das ertrug er nicht und baute auf dem Ödland hinter dem Haus eine Koppel.

Verena hatte ihr Erspartes selbstverständlich dazugelegt. Einen schwarzen Ziegenbock musste er dazunehmen, für zwanzig Mark.

Als er ihn schlachten wollte, brach eine Revolution aus. „Mörder" schrieben seine Damen auf ihre Transparente. Wo ist der Schwarze denn eigentlich? Wieder ausgebüchst. Natürlich, drüben auf der Brükke, auf seinem Lieblingsplatz steht er und beäugt die Gegend.

Heinz-Otto musste eine Entscheidung treffen. Es gab zum Konkurs einfach keine Alternative mehr. Mehrere Hunderttausend brauchte er, damit das normale Leben weitergehen konnte. Auch sein bester Freund Rudi, dem er seine Misere anvertraut hatte und der oft gute Ideen hatte, sah keinen Ausweg.

„Raube eine Bank gründlich aus, und du bist aus dem Schneider!"

Heinz-Otto war zu allem anderem als zu Scherzen aufgelegt. „Ach, wie witzig! Schade nur, dass ich nicht darüber lachen kann."

Dem Tonfall nach konnte das Rudi sogar ernst gemeint haben. Nicht länger als drei Minuten sollte so etwas dauern. Aber die Angst hinterher, irgendwann geschnappt zu werden! In jeder noch so kleinen Sparkasse hängen Überwachungskameras, und fast immer gibt es Zeugen, die verwertbare Personenbeschreibungen liefern. Die meisten Räuber kriegen sie auch, aber oft erst, wenn sie sich mit ihrer Beute schon in völliger Sicherheit wähnen.

Nein, das funktioniert nicht!

Heinz-Otto konnte sich nicht erinnern, sich jemals in seinem Leben so leer und elend gefühlt zu haben. Müde war er, mehr als müde, doch der Schlaf wollte und wollte nicht kommen. Immer wieder tauchte Rudis beiläufig hingeworfene Bemerkung in seinen Gedanken auf und marterten das schon verworrene Gehirn.

Das Risiko beginnt erst, wenn man das Geld schon im Beutel hat, wurde ihm klar.

Die meisten Einbrüche liefen nach dem gleichen Schema ab. Ganz in der Nähe der Bank ein Fluchtauto, meist ein gestohlenes. Irgendwo stand ein anderes, oft das eigene der Räuber bereit.

Die geklaute Karre ließen sie stehen. Logischerweise werden nach Banküberfällen sofort alle Ausfallstraßen und Brücken gesperrt, man sitzt dabei meist nicht nur im Auto, sondern auch in einer Falle. Der Fluchtweg ist also das Entscheidende und das Auto wahrscheinlich der größte Risikofaktor, ging es ihm durch den Kopf. Laufen müsste man, nicht drei oder vier, nein, zwanzig, dreißig oder gar vierzig Kilometer, damit rechnet bestimmt keiner. Donnerwetter! War nicht Laufen genau genommen jahrzehntelang sein eigentlicher Beruf gewesen?

Laufen war schon immer seine Leidenschaft, H.-O. Hermann im Kreise der Auswahl für die Meisterschaft in Kuba

Nur ein halbes Jahr hatte er nach seiner Schäferlehre im Havelland Herden betreut, dann musste er einrücken, zur Nationalen Volksarmee. Alles war dort von Anfang an mit Laufen verbunden. „Sprung auf! Marsch, Marsch!" Er war in seiner Truppe immer der Schnellste, gleich, über oder durch welches Hindernis sie ihn jagten. Sein Lauftalent wurde nicht nur erkannt, sondern auch gefördert. Und es machte ihm Spaß, vor allem, immer der Sieger zu sein. Wenn man ihn fragen würde, warum er freiwillig blieb, sich als Unteroffizier für zehn Jahre verpflichtete und dann die Offizierslaufbahn einschlug, würde er antworten, dass ihm das Laufen, die Schinderei und auch das Panzerfahren einfach Spaß machten. Ständig war er Regimentsmeister über alle Strecken zwischen 800 und 10 000 Metern. Nicht umsonst hatten sie ihn zuletzt als Sportoffizier für die Ausbildung der Hardliner unter den Piloten nach Kamenz geholt.

Die Liebe zur Natur und zu den Tieren bestimmten seine Berufswahl - Schäfer

Auch wenn sie beim ASK in Potsdam der Ansicht waren, zum Weltrekordler würde sein Talent nicht ausreichen, laufen und sich schinden, war schon immer seine Welt gewesen.

Doch das ist schon eine ganze Weile her, und eigentlich ist man mit 50 Jahren schon fast ein alter Mann. Würde er die Strapazen auch jetzt noch heil überstehen? Voller Genugtuung erinnerte er sich, wie er beim Possenberglauf in Sangerhausen als Überdreißigjähriger mit den jungen, gut trainierten Spunden mithielt.

Er wusste, dass er kein „Bergläufer" war und dass die Strecke bis zum Berg zu denen gehörte, die besonders schlauchten. Leichte Anstiege, die man überhaupt nicht merkt. Trotzdem legte er sich gleich nach dem Start mächtig ins Zeug. 100 Meter Vorsprung hatte er bis zum Fuße des Berges herausgelaufen. Erst in der Hälfte der langen Steigung, nach sieben Kilometern, holten sie ihn ein. Und er blieb ihnen auf den Fersen, schüttelte alle anderen Verfolger ab. In der Altersklasse II stand er als Sieger auf dem Podest. Der zweifache Olympiasieger Waldemar Cierpinski, zu dem damals die ganze Läuferwelt wie ein guter Katholik zum Papst aufblickte, nahm die Siegerehrung vor: „Genosse Hermann, ich verbeuge mich vor einer so hervorragenden Leistung!" Solche Worte aus mehr als berufenem Munde zerschmolzen auf Heinz-Ottos Seele wie Butter in der Sonne, waren das größte Lob, das je über ihn ausgeschüttet wurde.

Hatte er nicht schon immer zu den Siegern gehört? Es stimmt, zu gewinnen war ihm längst zur Gewohnheit geworden. Und jetzt sollte er plötzlich der große Verlierer sein? Nein und nochmals nein! Noch immer hielt er sich körperlich ausreichend fit, auch wenn die Zeit dazu in den letzten Jahren knapp war. Und er hatte noch mehr Trümpfe im Ärmel, seinen angeborenen Orientierungssinn und die Spezialausbildungen bei der Armee. Vor allem die gelernte und trainierte Bewegung, Tarnung und Deckung in allen Geländearten, das richtige Verhalten in unvorhergesehenen Gefahrensituationen und das mehrfach praktizierte Überlebenstraining würden ihm wieder zum Sieger machen.

Fehlstart

Nicht nur vom Erfolg überzeugt, regelrecht besessen war Heinz-Otto plötzlich von der Idee, auf diese Weise aus seiner Misere zu kommen. Die nötige Ausrüstung hatte er schnell beisammen: Eine dünne rote Wollmütze wurde zur Maske, Beutel, Kompassuhr, Taschenlampe und eine ungeladene Schreckschusspistole lagen bereit. Ziel seiner Operation war die Sparkasse im ziemlich großen Neukirch, von der er sich eine lohnende Beute erhoffte. Die nächsten Polizeistationen waren Bischofswerda und Bautzen. Selbst mit Sondersignal würden die Ordnungshüter nicht unter zehn Minuten in Neukirch sein. Gewissensbisse hatte erkeine, sah er doch keinen großen Unterschied zwischen seinem Vorhaben und der legalen Form des Raubes, wie ihn die Banken betrieben. Jährliche Milliardengewinne waren nicht auf harte tägliche Arbeit zurückzuführen und Skrubel hatten die auch keine.

Tagelang beobachtete er in der ersten Januarwoche die Kasse und die Personenbewegung um sie herum, lief immer wieder die beiden Fluchtwegvarianten ab und versuchte, sich jede Einzelheit einzuprägen. Die Vormittagsstunden erschienen ihm als der günstigste Zeitpunkt.

Alles ist ordentlich durchdacht und vorbereitet. Seinen roten Ford stellt Heinz-Otto in Bischofswerda auf einem Apothekenparkplatz ab. Den Autoschlüssel nimmt er nicht mehr mit ins Gelände, seit er beim Joggen einen verlor, der hat seinen Stammplatz in solchen Fällen auf dem Nachschalldämpfer.

Der Jogginganzug ist auch die beste Legitimation für ungezwungene Bewegung durch Wald und über Wiesen. Doch er muss damit rechnen, in Neukirch gesehen und danach beschrieben zu werden, deshalb wird Wechselgarderobe geschickt getarnt im Stadtwald versteckt.

Die knapp zehn Kilometer abseits der Straßen im Zuckeltrab nach Neukirch sind für Heinz-Otto ein Kinderspiel.

Keine Leute vor der Sparkasse, doch seine letzten Schritte zur Tür sind zögerlich. Er braucht nur noch die unter der Schirmmütze versteckte Maske wie eine Jalousie vors Gesicht zu ziehen und hineinzugehen. Er greift nach der Maske, zieht sie aber nicht herab, steht vor der Tür wie gelähmt. Die Knie werden weich. Eine unüberwindliche Hemmschwelle baut sich in ihm auf.

Damit hatte er am allerwenigsten gerechnet.

Er ist im Begriff, ein Krimineller zu werden.

Auch im zweiten Anlauf nach einer kleinen Beruhigungsrunde durch das Dorf kann er sich nicht dazu Überwinden.

Unverrichteter Dinge beendete Heinz-Otto den Winterspaziergang an seinem Auto und fuhr niedergeschlagen, grübelnd und unkonzentriert nach Hause.

Den Rest gaben ihm zwei gelbe Briefe auf seinem Schreibtisch. Auch Viola und den beiden Töchtern konnte er am Nachmittag sein Stimmungstief nicht verbergen. Er spielte es mit leichten Kopfschmerzen herunter: „Ich werde mich ein bisschen lang machen."

Tatsächlich holte er sich eine Flasche Bier und goss sich einen Kognak ein.

Bald sah es in seiner dunklen Welt nicht mehr ganz so finster aus. Es gab eben doch auch eine positive Wirkung des Alkohols.

„Mensch!", entfuhr es ihm „Dass ich da nicht eher draufgekommen bin!"

Die Hemmschwelle, mit Alkohol müsste sie zu packen sein.

Die Premiere

Wieder ist Heinz-Otto auf der Tour nach Neukirch, seine Ausrüstung hat er durch zwei Büchsen Bier und eine Flasche Korn ergänzt. Nur ist er noch unerfahren in der richtigen Dosierung seines Schwellenkillers. Überspült werden muss diese Hürde auf alle Fälle, auf den ersten Fluchtmetern muss er aber auch schnell und hellwach sein. Am Waldrand vor dem Ort sind die beiden Büchsen leer und auch in der Flasche fehlen schon ein paar Schluck.

Ob das reicht? Vorsichtshalber nimmt er doch noch einen tiefen Zug, fast drei Viertel sind draufgegangen.

Das Gefühl vor der Tür ist diesmal anders, Herzrasen, äußerste Spannung im ganzen Körper, aber die Ausweglosigkeit seiner Situation erstickt alle Hemmungen.

Maske herunter, Tür auf, Pistole in die rechte Hand. Zwei Schalter vor ihm, aber nur einer ist besetzt. „Banküberfall! Beutel füllen, brüllt er!“, dazu ein kurzer Wink mit der Waffe. Die Angestellte bleibt erschrocken sitzen. „Los, los Beeilung!“ Sie springt auf, füllt den Inhalt der Schalterfächer in den Beutel und verschwindet nach hinten in den Tresorraum.

Der Alkohol hat Heinz-Otto erstaunlich mutig gemacht, er pfeift auf die Drei-Minuten-Regel und steigt der Kassendame nach. Die Tür ist zu und außen ohne Klinke. „Aufmachen !“, schreit er, eigentlich chancenlos, doch sie öffnet die Tür.

Im ersten Moment glaubt Hein-Otto zu träumen, denn er steht vor einem geöffneten Tresor voller Geldbündel. Wahrscheinlich hat die Angestellte längst den Alarmknopf gedrückt, aber diesem Selbstbedienungsladen kann er nicht widerstehen. Schnell wandern die Bündel in seinen Beutel. Selten war er in letzter Zeit in solcher Hochstimmung.

Nach einem freudigen „Tschühüs!“ stürzt er aus der Bank und rennt, ohne nach links und rechts zu gucken, in vollem Tempo auf seiner schon lange erkundeten Fluchtroute durch ein Bauerngut, weiter auf dem Wirtschaftsweg, dann über das freie Feld in Richtung Wald. Immerhin anderthalb Kilometer sind es bis dorthin. Es läuft sich miserabel auf diesem Sturzacker, aber die Schinderei hat auch Vorteile. Ein Fahrzeug, wahrscheinlich selbst ein Allradjeep, hätte Schwierigkeiten, ihm zu folgen. Warum eigentlich hat die Angestellte die Tür zum Tresorraum geöffnet, fragt er sich. Wahrscheinlich wollte sie den Tresor schließen und hat dann durch seine Schreierei doch Angst bekommen. Unwichtig, im Moment hat er ganz andere Sorgen. Wenn sie die Straße zwischen Nauendorf und Tröbigau dicht machen, sieht er ganz schön alt aus.

Endlich ist der Wald erreicht. Er muss auf jeden Fall damit rechnen, dass seine Flucht durch das Bauerngut beobachtet wurde. Noch sind keine Verfolger zu sehen, erkennt er aus sicherer Deckung zurückschauend. Als er sich wieder in Bewegung setzt, dröhnen die Sondersignale der Polizeiautos durch den Ort. Aber er muss seinen Lauf erst einmal drosseln, um sich von dem 1500-Meter-Sprint zu erholen. Das Brombeergesträuch zwingt ihm einen Hürdenlauf, schlimmer als einen Hindernislauf bei der Armee, auf. Vor allem die Schienbeine leiden unter den spitzen Dornen und die Socken scheinen die Ranken regelrecht anzuziehen. Außerdem behindert ihn die prallgefüllte Tasche an der Hüfte. Heinz-Otto muss sie abschnallen und in die Hand nehmen.

Verblüffend schnell ist er an der Straße, dem Nadelöhr seines Rückzugsweges. Auf dem kleinen Parkplatz nahe der Überquerungsstelle steht ein Auto, offenbar herrenlos. Eine Falle? Muss nicht sein, es ist Sonnenschein, durchaus Wanderwetter.

Eine Weile wartet er, alles bleibt ruhig, nirgends Motorengeräusche. Er wagt den Sprint über die Straße, der Fichtenwald verschluckt ihn wieder. Der geht mehr und mehr in einen reinen Buchenbestand über, als plötzlich Motorengeräusche hörbar werden. Heinz-Otto täuscht sich nicht, sie kommen wirklich von oben, ein Hubschrauber. So schnell hat er eine solche Hummel nicht erwartet.

Ausgerechnet über dem winterlich entlaubten Buchenwald, von oben durchsichtig wie ein Netzhemd, musste sie auftauchen. War damit nicht schon das Ende seines Beutezuges besiegelt?

Noch hat er eine Trumpfkarte in der Hinterhand, die Armeelektion „Deckung im halb offenen Gelände gegen Sicht von oben". Blitzschnell steuert er die dickste erreichbare Buche an. Dicht an ihren Stamm geschmiegt, versucht er die Anflugsrichtung zu erkunden. Endlich kommt die Hummel in sein Blickfeld, eine Schleife nach der anderen zieht sie über den Buchen, immer enger.

Woher wissen die dort oben, dass ich genau hier drin stecke? fragt er sich. Wenn er meine Buche direkt überfliegt, bin ich geliefert. Noch zwei- dreimal wechselt Heinz-Otto die Bäume, bis er einen tiefen mit Laub gefüllten Graben entdeckt. Beim nächsten Abschwenken des Hubschraubers springt er in den Graben, wühlt das Laub zur Seite, wirft sich auf den Rücken und rafft in Windeseile so viel wie möglich davon wieder über sich. Nur die Augen lässt er frei. Der Hubschrauber zieht noch mehrere Schleifen direkt über ihn hinweg, dreht aber dann doch mehr und mehr über die Fichten ab. Das Knattern der Rotorblätter entfernt sich nach Osten. Erst als es ganz verstummt, wagt er sich aus seinem Versteck und läuft in die aufgegebenen Steinbrüche von Demitz-Thumitz.

Als er den ersten Splitterschutzbunker erreicht, kommt die Hummel zurück. Den Blick mehr zum Himmel als auf das Gelände gerichtet, kämpft er sich von Unterstand zu Unterstand weiter. Die Hummel vergrößert die Schleifendurchmesser, ist immer seltener zu hören und schließlich ganz verstummt.

Erleichtert klopft er sich auf die Schulter, Gott sei Dank, die haben es aufgegeben!

Er hat sie ausgetrickst, endlich eine Entspannungsphase. Doch der Weiterweg durch die verlassenen Steinbrüche ist nicht ungefährlich. Die Steilwände, die er dabei hinauf und wieder hinuntersteigen muss, können schnell zur Falle werden. Noch ist nicht ausgeschlossen, dass sie ihm eine Hundestaffel auf den Hals hetzen. Dreieinhalb

Stunden hastige Flucht hat er hinter sich, als er sich endlich getraut, die Straße und das Schwarzwasser in Richtung Bischofswerdaer Stadtwald zu überqueren.

Ein knappe Stunde noch, bis er, die Verbindungsstraße nach Schmölln immer in Sichtweite und jede noch so kleine Deckungsmöglichkeit nutzend, sein Garderobenversteck im Stadtwald erreicht.

Unweit davon vergräbt er sein Räuberwerkzeug, Maske und Pistole mitsamt der Tasche. Er wird es sowieso nicht mehr brauchen, denn dieser erste Einbruch wird garantiert auch sein letzter sein. Eine solche Hetzjagd will er kein zweites Mal erleben. Heinz-Otto muss sich eingestehen, Risiko und Strapazen dabei erheblich unterschätzt zu haben.

Nachdem er sich umgezogen hatte, verbarg er das Geld in einer Plasttüte unter dem Pullover, zog den langen schwarzen Mantel darüber und lief als Normalbürger Heinz-Otto Hermann in die Stadt.

Im Ledergeschäft Renger gab er die ersten Beutescheine aus. Er kaufte sich nach ausgiebiger Beratung eine pikfeine Ledertasche. Im vornehmen „Goldenen Engel“ ließ er sich den Toilettenschlüssel geben, um die Geldbündel in die neue Tasche umzupacken und seine Tageseinnahme wenigstens erst einmal grob zu zählen.

Er war überrascht, an die Neunzigtausend waren es. Donnerwetter! Neunzig Riesen! Mit so viel hatte er nie gerechnet. Und trotzdem, wenn er seine Schulden und unumgänglichen Ausgaben der nächsten Tage dagegenhielt, war es doch nur ein Bruchteil.

Ungeachtet dessen, ein teueres Essen und ein gutes Bier leistete er sich. Am Tisch sitzend merkte Heinz-Otto, dass sich seine innere Anspannung und Unruhe noch längst nicht gelegt hatten. Immer wieder kreisten seine Gedanken um den Polizeieinsatz. Ob sie schon abgebrochen haben? Meine Fluchtrichtung haben sie ja annähernd erfasst. Vielleicht suchen sie die Parkplätze nach verdächtigen Fahrzeugen ab. Möglicherweise warteten sie schon zu Hause auf ihn.

Sollte er gleich nach Dresden fahren?

Die Spielbank war von vornherein Bestandteil seines Geldbeschaffungsplanes. Wenigstens einen Teil der Beute wollte er dort verdoppeln. Es konnte aber auch Verdacht erwecken, wenn unmittelbar nach dem Bankraub ein Unbekannter dort einige Zigtausend auf den Spieltisch warf.

Heinz Otto trat wieder einmal die Flucht nach vorn an. Für das Auto war nach vier großen Bieren sein Alkoholspiegel zu risikoreich. Er fuhr lieber mit dem Zug. Ein Profi im Roulette war er nicht, doch rein statistisch musste er an einem Abend, wenn er immer wieder auf „Zero“, eine der Nullen, setzte, wenigstens einmal gewinnen. Nach einhundertzwanzig Einsätzen waren die ersten zehntausend, die er im Jackett trug, aufgebraucht.

Während er aufstand, um Nachschub aus seiner Tasche zu holen, landete die Kugel gerade in einem Zerofeld. Heinz-Otto starrte völlig entgeistert auf das Roulette, auch die nächste und die übernächste Runde: Zero, insgesamt ein Gewinn an die 80 000 Mark. Nur fünf Minuten nicht flüssig...!

Der Abend war gelaufen, zehn Riesen verspielt. Vor Wut hätte er am liebsten den ganzen Laden kurz und klein gehauen.

Eine Stunde nach Mitternacht ließ er sich mit einem Taxi nach Bischofswerda fahren. Das Blut stockte in seinen Adern, als nach wenigen Kilometern ein Polizist das Taxi stoppte. Sollten die in dieser verdammten Spielhölle doch Verdacht geschöpft haben?

Überhöhte Geschwindigkeit, 50 DM Bußgeld, Heinz-Otto legte es aus.

Auf dem Markplatz stieg er aus, die Straßen der Innenstadt waren menschenleer. Vor der Apotheke stand einsam und verlassen sein Ford.

Nicht allzu oft, aber ab und zu war Heinz-Otto von seinen unvermeidlichen Geschäftsreisen tatsächlich erst nach Mitternacht zu Hause angekommen. Um dann den Schlaf seiner Familie nicht zu stören, richtete er sich im Keller eine eigene Behausung ein. An solche Aktionen wie die von gestern hatte er damals allerdings noch nicht gedacht.

Am Frühstückstisch wurde er von seinen drei Damen freudig begrüßt, sie rechneten ihm hoch an, dass er trotz der kurzen Nacht pünktlich war. „Schade Vati, dass du gestern nicht da warst", eröffnete die zehnjährige Theresa das Gespräch, „In Neukirch hat ein gefährlicher Räuber die Sparkasse überfallen. Sie haben ihn sogar mit dem Hubschrauber gesucht, aber nicht gekriegt." Heinz-Otto wusste nicht so recht, wie verwundert er sich stellen durfte und war froh, dass alle drei ganz schnell in die Schule abschwirrten, wo seine Frau als Lehrerin tätig ist.

Bei ihm im Betrieb ging es weiter, der Überfall war Gesprächsthema Nummer eins. Seine Mitarbeiter rätselten, weshalb man den Kerl nicht erwischt hatte. Heinz-Otto wich aus, so gut er konnte, guckte auch in keine Zeitung, er wollte nichts mehr davon hören. Vergessen, abhaken, nie wieder solche Stressstunden, auch keine Spielbank mehr!

Nur noch einmal!

Doch schon in der nächten Woche waren die reichlich 80 übrigen Riesen in den Außenständen und Lohngeldern versickert, nur ganze zwei davon wanderten in die Haushaltskasse.

Neue Materialrechnungen lagen auf dem Tisch, es reichte hinten und vorne nicht. Immer wieder beschlich Heinz-Otto der teuflische Gedanke: Noch so ein Fischzug und du bist wirklich aus dem Schneider!

Wobei er davon ausging, dass sein Glückstreffer mit den knapp Hunderttausend eine normale Bankraubquote sei. Die nähere Umgebung schien ihm so kurz nach Neukirch nicht ratsam, in größerer Entfernung das Auskundschaften der Örtlichkeit und des Fluchtweges zu aufwändig. Er brauchte das Geld so schnell wie möglich.

Sein Geburtsort Wusterwitz bei Brandenburg fiel ihm ein, über 200 Straßenkilometer entfernt. Doch dort kannte er sich aus, und nach über zwanzig Jahren dürfte sich im Dorf kaum noch einer an ihn erinnern.

Nachteilig war sicher, dass er die Kasse nicht von Innen kannte und auch nicht wusste, ob sich bei Betätigung des Alarmknopfes automatisch die Türen schlossen. Dieses Risiko würde er eingehen müssen.

Ein Kassensturz ergab, dass es nicht einmal zu einer neuen Pistole reichte. Es blieb ihm nichts anderes übrig, als im Bischofswerdaer Stadtwald seine Bankräuberutensilien aus dem Versteck zu holen.

So einfach war das gar nicht, denn es hatte inzwischen geschneit und es sah alles ganz anders aus. Nicht ausgeschlossen war, dass ein anderer die Sachen entdeckt hatte. Erst nach langem Suchen wurde er fündig. Als er sicher war, auch nicht beobachtet zu werden, wühlte er so schnell es ging die Tasche aus. Sie lag noch genau so, wie er sie eingebuddelt hatte.

Zwei Wochen nach seinem Raub in Neukirch, am 28.Januar, verstaut Heinz-Otto sein altes, verstaubtes aber noch funktionstüchtiges Fahrrad im Kofferraum des Ford und steuert über die Autobahn die Raststätte Ziesar an der A2 Berlin-Magdeburg an.

Nachdem er seinen alten Drahtesel fünf Kilometer vorher in einem Wald deponiert hat, stellt er sein Auto auf dem rund um die Uhr stark beanspruchten Raststättenparkplatz ab. Am Fahrrad angekommen, leert er erst mal eine Büchse Bier und nimmt einen kräftigen Schluck aus der Kornflasche.

Auf teilweise vereisten Straßen radelt er über Rogäsen, Zitz und Gollwitz durch den trüben Wintertag an den Waldrand vor Wusterwitz.

Die innere Aufgewühltheit so kurz vor dem Ziel kann er kaum unterdrücken, auch die deutlichen Radspuren machen ihm Sorgen.

Höchste Zeit also, den Alkoholspiegel im Blut ansteigen zu lassen. An der Sparkasse stellte er sein Fahrrad ab.

Noch eine halbe Stunde bis zum Schalterschluss, auch scheint die Hemmschwelle noch nicht überspült zu sein. Im nahen Bahnhofsgebäude schüttet er den restlichen Korn in sich hinein und wirft die leere Flasche in den Abfallkorb.

Als er zehn Minuten vor Schalterschluss seine Fahrrad vor der Sparkasse vorsichtshalber in die Fluchtrichtung wendet, marschiert unmittelbar vor ihm ein kräftig gebauter Mittdreißiger hinein. Heinz-Otto ist unschlüssig. Warten, bis er heraus ist? Nein, er lässt sich doch nicht die Tür vor der Nase zuschließen.

Maske runter, er muss hinein!

Schreck in der Vormittagsstunde: Kein Auszahlungsschalter in Sicht, nur Kartenautomaten, doch ganz hinten ein Schalter. Mit seinem Pistolenplagiat dirigiert er die drei oder vier Leute im Vorderraum in die rechte Ecke.

Die zwei Bankangestellten schockieren ihn. „Sie sind hier falsch, wir haben so gut wie kein Bargeld." Das hat ihm gerade noch gefehlt! Fast überschlägt sich seine Stimme: „Das gibts doch nicht! Bewegung gefälligst, Schubfächer auf!" Heinz-Otto beugt sich nach vorn, tatsächlich nur kleine Scheine und wenige Bündel. „Alles in den Beutel!"

Überhastet stürzt er hinaus zu seinem Fahrrad, die Leute aus der Bank folgen ihm. Schon beim Aufsteigen sieht er, dass der kräftige junge Mann zu einem Auto rennt.

Heinz-Otto tritt in die Pedale wie zum Endspurt auf einer Zielgeraden, um ganz schnell über die Bahnschienen in Waldnähe zu kommen. Zwanzig, dreißig Meter hinter ihm fährt das Auto in gleich bleibendem Abstand. Der Fahrer hat offenbar Respekt vor seiner ungeladenen Pistole.

Endlich Buschwerk am Straßenrand! Im rechten Winkel schwenkt Heinz Otto mit seinem Rad durch die Akaziensträucher und über ein Wiesenstück in den Wald. Es tut ihm Leid, sich von dem alten guten Stück nicht gebührend verabschieden zu können.

Dass der Autofahrer ihm nachrennt, ist unwahrscheinlich, doch er läuft sich voll aus, um Abstand zu bekommen. Entlang der Bahnstrecke Berlin-Magdeburg geht es über freies Gelände, immer wieder schaut er sich um, kein Verfolger in Sicht.

Inzwischen hat es aufgehört zu schneien, der Himmel klart auf. Der Waldrand ist erreicht, bis zum Auto hat er nun noch 30 Kilometer vor sich. Als er rein zufällig in den Wald schaut, sieht er in vierhundert Meter Entfernung das Verfolgerauto auf der Wegkreuzung stehen. Verdammt! Weiter am Rande entlang. An der nächsten Kreuzung wieder das Auto. Der Mann scheint gefährlich hartnäckig zu sein, vielleicht sogar ein Zivilbulle.

Jetzt nur nicht die Nerven verlieren! Das Waldstück ist zu Ende, ein Blick nach rechts. Diesmal kein Auto, der Mann selbst steht am Ausgang des Weges. Heinz-Otto setzt im freien Gelände zum Sprint an, doch der Mann verfolgt ihn nicht. Mit dem Auto kommt er auf keinen Fall über die Wiese. Den ist er jetzt sicher los. Ein Blick auf die Uhr macht ihn unruhig.

Eine Dreiviertelstunde ist seit seinem Abgang in Wusterwitz vergangen, das nächste Waldstück ist gut eineinhalb Kilometer entfernt. Wenn die jetzt einen Hubschrauber hochlassen, ist er wie auf einem Präsentierteller ausgeliefert. Zum Glück lässt die kurzgemähte Wiese ein hohes Lauftempo zu.

Ungeschoren erreicht er das Waldstück. Nach kurzer Verschnaufpause muss er den Verbindungsweg zwischen Gollwitz und Zitz überqueren, normalerweise ein einsamer Waldweg. Aber ausgerechnet heute sind Motorengeräusche zu hören und den Weg überzieht eine gleichmäßige drei Zentimeter dicke Schneedecke, auf der er deutliche Spuren hinterlassen muss. Angesichts der weißen Fläche wird ihm klar, dass er mit seinem blauen Trainingsanzug in dieser Umgebung besonders auffällt, außerdem hat ihn sein Verfolger sicher in diesem Outfit beschrieben.

Kurz entschlossen wendet er erst die Jacke, dann die Hose, das weiße Futter nach außen. Den Weg ohne Spuren zu überqueren geht nicht. Vielleicht hilft ein kleines Täuschungsmanöver. Er läuft über den Weg und an seinem linken Rande an die hundert Meter nach rechts, dann voll deckungsgleich in den Spuren rückwärts.

Die nicht verstummenden Motorengeräusche nerven ihn. Mal kommen sie näher, mal entfernen sie sich wieder. Die ständige Konzentration auf die äußerste Präzision in den Fußabdrücken nach hinten und die Motorengeräusche nach vorn treiben Heinz-Otto den Schweiß auf die Stirn.

Dreißig Meter müssten reichen. Einer tiefen Hocke, mit der Linken den Beutel an den Körper gepresst, folgt eine Sprungrolle mit dem rechten Unterarm über dem Kopf nach links in die Büsche.

Sollten sie auf die Spuren stoßen, werden sie erst einmal eine Weile rätseln, Zeit für ihn, seinen Vorsprung auszubauen. Seine Spur irgendwo im Kleckerschnee des Waldes wieder aufzunehmen dürfte schwer fallen.

Die Verschnaufpause wird gestört. Eine Krähe fliegt über ihm aus einer Fichtenspitze, zieht Kreise über dem Baum und veranstaltet ein fürchterliches Spektakel.

Heinz-Otto ballt die rechte Faust nach oben: „Halt endlich den Schnabel, du dämliches Vieh, und hetze mir nicht noch die Bullen auf den Hals!“ Als er den Waldrand ansteuert, krachen in seiner Fluchtrichtung zwei Schüsse. Erschrocken fährt er zusammen und lässt sich blitzschnell auf den Waldboden fallen. Was hat das zu bedeuten? Vierzehn Uhr, um diese Tageszeit jagt keiner!

Langsam pirscht er sich an den Waldrand, um die davor liegende Freifläche einzusehen. Der Blick aus sicherer Deckung lässt ihn erstarren, nur die Augen werden immer größer. Zig mal hat er alle möglichen Gefahrenmomente auf einer solchen Flucht gedanklich durchgespielt und alle erdenklichen Zwischenfälle glaubte er bewältigen zu können, bis auf einen.

Wie er sich vor einer Hundestaffel in Sicherheit bringen sollte, war immer offen geblieben.

Ratlosigkeit deshalb jetzt, als aus der Richtung der Schüsse vier Hundeführer mit ihren Tieren fast direkt auf ihn zukommen, die ihre Hunde mit ununterbrochenem „Such, such!“ antreiben. Noch scheinen sie ihn hier nicht zu vermuten, denn die vier Gespanne laufen wie auf einer Schnur aufgereiht hintereinander. So flach es nur geht, presst sich Heinz-Otto an den Boden.

Äußerlich reglos und starr liegt er da, aber innen aufgewühlt bis zum Letzten. Der Puls hämmert in den Schläfen und das Herz schlägt so laut, dass er befürchtet von den Verfolgern gehört zu werden.

Wie oft hat er darüber gelacht, wenn von kalten Schweißausbrüchen die Rede war, jetzt weiß er, es gibt sie wirklich.

Seine Gedanken überschlagen sich. Die Schüsse waren sicher das Startsignal für die Hundeaktion. Aber für wen, ist hier noch mehr im Busch? Am Waldrand werden sie garantiert ausschwärmen, die Bestien losleinen und stöbern lassen.

Das sichere Aus, denn das Waldstück ist keine vierhundert Meter breit. Die Nerven zum Äußersten angespannt, sieht er aus dem linken Augenwinkel, wie der Zug in unveränderter Formation keine hundert Meter von ihm entfernt in den Wald eintaucht. „Such, such!“, hört er immer wieder, Äste knacken, sie sind auf seiner Höhe, sehen kann er sie nicht. Endlos scheint ihm das Warten auf den ersten Hund, doch es kommt keiner.

Heinz-Otto kann es nicht fassen. Wahrscheinlich ist der Zug ähnlich wie im Märchen von der goldenen Gans knapp an ihm vorbei durch den Wald weitermarschiert.

Hier hat irgend ein Schutzengel die Hand im Spiel gehabt, ist seine einzige Erklärung. Vielleicht sollte er das Schicksal nicht übermäßig strapazieren.

Als er sich einigermaßen von der Nervenschlacht erholt hat und das Waldstück verlassen will, nähern sich Motorengeräusche in der

Luft, ein Polizeihubschrauber. Treiben die einen Aufwand wegen der lumpigen paar Tausend! Wäre die grün-weiße Libelle nur fünf Minuten später aufgetaucht, hätte Heinz-Otto wohl kaum eine Chance gehabt. Hier aber ist er sich sicher, dass sie ihn von dort oben nicht entdecken werden, kein Vergleich zum offenen Buchenwald hinter Neukirch. Vorsicht ist trotzdem geboten. An einen dicken Baum gepresst, verfolgt er die Schleifen des Brummers und umrundet den Stamm mehrmals, um in seinem Sichtschatten zu bleiben. Dabei merkt er, dass er total durchgeschwitzt ist und ihm der Schweiß erneut ausbricht, als das Lufttaxi seine Schleifen durch eine Standpause über ihm unterbricht. Sollten die wirklich etwas...? Doch das Schleifenziehen geht weiter.

Die Stunden seit Wusterwitz haben Körper, Nerven und Geist gewaltig strapaziert. Endlich dreht die Hummel ab, ihr Motorenlärm verebbt. Es kann nicht mehr weit bis zur Straße sein. Nach einer Viertelstunde ist sie in Sicht, auf ihr steht das Fahrzeug der Hundestaffel.

Heinz-Otto ist verzweifelt, heute scheint sich aber auch alles gegen ihn verschworen zu haben. Ob sich jemand im oder am Fahrzeug aufhält ist nicht erkennbar, also noch ein uneingeplanter großer Bogen. Entfernte Trillerpfeifentöne lassen ihn zusammenzucken, doch nirgends regt sich etwas. Hoffentlich das Abbruchsignal für die Hundeaktion! Wie weit ist er eigentlich von der Route abgekommen? Um das zu erkunden, klettert er auf eine gutgewachsene hohe Kiefer. Allzuviel sieht er nicht mehr, denn die Dämmerung geht schon langsam in die abendliche Finsternis über. An die zwölf Kilometer, schätzt er, hat er noch vor sich. Im Schutze der Dunkelheit müssten sie in drei Stunden zu bewältigen sein. Nachdem er in der Sumpfniederung der Buckaue einen vier Meter breiten Graben überquert hat, dringt schon das Rauschen der Fahrzeuge von der Autobahn zu ihm herüber. Etwa drei Kilometer vor der Raststätte erreicht er sie. Er hat noch die Kraft für einen lockeren Dauerlauf bis zum Parkplatz, abseits genug, um nicht von den Lichtkegeln erfasst zu werden.

Während er den Motor warm laufen lässt, wechselt er Socken, Schuhe und Laufanzug. Die trockenen Sachen am Leib beschleunigen den Abbau der angestauten inneren Anspannung. Wo würde er jetzt wohl sein, wenn die Hundeführer nicht so beschränkt gewesen wären? Auf den letzten Metern vor seinem Grundstück gibt er kurz Gas, schaltet den Motor ab, rollt fast geräuschlos vor die Garage, um Viola und die Töchter nicht zu wecken, und zieht sich in seine Kellerbehausung zurück.

Er wusste, dass die Beute nicht überwältigend sein konnte und war überrascht, dass die erste Zählung trotzdem Zwölftausend ergab.

Es war kurz vor halb vier, als er sich lang machte. Zwölf Riesen waren als Tagesverdienst beachtlich, doch nicht einmal ein Fünftel von dem, was er brauchte und sich auch erhofft hatte. Er würde weitermachen müssen.

Heinz-Otto hatte begriffen, dass die fast Einhunderttausend von Neukirch ein Zufallstreffer waren. Die Summen, die er brauchte, waren mit gewöhnlichen Banküberfällen nur mühsam zu beschaffen. Was brachte mehr? Eigentlich nur ein gelungener Überfall auf einen spektakulären Geldtransport. Aber wie da rankommen? Moment mal, in Dresden hatten sie doch vorige Woche Wachdienstleute gesucht, das wäre doch eine Möglichkeit! Kein Problem für ihn, den Wachdienst neben seinem Geschäft laufen zu lassen. Und außerdem, er würde dann nachts grundsätzlich unterwegs sein und brauchte sich nicht immer neue Storys auszudenken, um Viola seine Abwesenheit glaubhaft zu erklären. Dass sie Geld brauchten, wusste Viola. Sicher würde sie nichts gegen einen Nebenverdienst einzuwenden haben.

Noch war es aber nicht so weit, und es musste auf weniger rentable Art Geld beschafft werden.

Die Seebrücke

Nur fünfzehn Tage nach Wusterwitz treibt es Heinz-Otto wieder auf der Autobahn nordwärts. Die Mecklenburgische Seeenplatte mit ihrem dünnen Straßennetz und den ausgedehnten Wäldern erschien ihm geradezu ideal für seine Beutezüge. Gleich hinter dem am Wasser gelegenen Städtchen Rheinsberg beginnt der Wald.

Der Schnee war nun endlich geschmolzen, doch auf den Seen, erinnerte er sich, schwamm um diese Zeit noch eine dünne Eisdekke. Dieses Städtchen in seiner malerischen Umgebung mochte er schon immer. Jetzt, wo der Frühling um Einlass bat, musste die Symbiose aus Wasser und Wald besonders reizvoll sein. Doch für sein Ziel schied Rheinsberg aus.

Nicht nur, dass er von der Polizeistation, nur zwanzig Meter gegenüber der Sparkasse, wusste, bei ihrer mittigen Lage im Straßensystem wäre er auf seiner Flucht auch entschieden zu lange den Augen der vielen Passanten ausgesetzt.

Weit günstiger war da Altruppin, an der Nordecke des Ruppiner Sees. Dort kannte er zwar weder das Innenleben noch das genaue Umfeld der Sparkasse, aber bis zum Wald waren es nur wenige hundert Meter. Es gab keine Polizeistation und viele Fluchtwege durch die Neubauten oder über den Friedhof, dahinter nur noch Wald, endloser Wald.

Der einzige Haken: Der Rhin, ein künstlich angelegter Kanal, den er als stinkende Kloake in Erinnerung hatte, oder einer der beiden lang gestreckten Seen, in die er mündete, musste überquert werden. Er wusste, dass ihn selbst zehn Hunde nicht in diese Stinkbrühe treiben würden.

Den See zu durchschwimmen verhinderte die Eisdecke. Beide Seen zu umlaufen bedeutete einen Umweg von wenigstens zwanzig Kilometern, die zu seinen ohnehin sechzig Laufkilometern dazukämen.

Zwischen beiden Seen gab es eine Brücke, sie zu besetzen dürfte das erste Ziel einer eingeleiteten Polizeiaktion sein. Nichts ging offenbar ohne Nadelöhr.

Heinz-Ottos Fahrziel ist der Parkplatz an der Autobahnraststätte Walsleben. Mit seinem Verpflegungsbeutel macht er sich in die Spur der Dreißigkilometerstrecke nach Alt Ruppin, durch Wälder, über Wiesen, vorbei an ehemaligen Kasernen und über Schießplätze, durch ein langes, breites Sperrgebiet. Keinem Passanten begegnet er, aber Rehen, Rehen und immer wieder Rehen, die sich hier besonders sicher zu fühlen scheinen.

Auf dem sandigen Boden kommt er gut voran und kann es sich leisten, ab und zu in einen normalen Wanderschritt zu verfallen. Nach sechs Stunden Laufzeit will er am Ziel sein. Die Hälfte ist bewältigt, Zeit für ein Picknick.

Ein Knacker mit zwei Brötchen wird vertilgt. Bier und Korn sind eigentlich erst später dran, doch mit einer Büchse und einem Schluck aus der Flasche rutscht es besser. Wenigstens eine Stunde vor Kassenschluss wollte er am Ziel sein, um sich ausreichend mit der Örtlichkeit vertraut machen zu können. Ganz geht sein Zeitplan nicht auf, doch auch eine Dreiviertelstunde reicht ihm.

Langsam schlendert er durch die Straßen, geht noch einmal in den Wald zurück, um sich mit der letzten Büchse Bier und dem Rest aus der Kornflasche ausreichend zu motivieren.

Nachdem der Ballast aus Glas und Aluminium aus dem Beutel beseitigt sind, um genügend Platz für die Geldbündel zu haben, ist die Zeit heran.

Vor der Bank keine Leute, Maske herunter, hinein. Auch in der Bank keine Kunden, hinter dem Schalter eine ältere Frau, die ihn offenbar noch gar nicht gesehen hat. Heinz-Otto geht auf sie zu, ohne die Pistole auf sie zu richten. „Banküberfall! Füllen sie den Beutel, aber etwas schnell!“ Sie macht große Augen: „Aber junger Mann, ich habe doch hier gar kein Geld, das hat doch meine Kollegin drüben am anderen Schalter!“ So ein Mist auch, den hat er ja noch gar nicht gesehen. Sein Blick fällt auf den Alarmknopf. „Haben sie schon gedrückt?“ - „Ja wann denn?“ Mit zwei Schritten ist er am anderen Schalter und wiederholt seine Forderung noch forscher. Auch diese Frau behauptet, sie hätte kein Geld.

Alle Drohung, die er aufbringen kann, legt er in seine Stimme: „Nur wenn sie den Beutel füllen, passiert ihnen nichts! Ich weiß, was in ihren Schiebern liegt!“ Verängstigt auf die Pistole blickend, beginnt sie, den Schieberinhalt in den Beutel zu stecken.

Plötzlich steht ein älterer Mann neben ihm. Wie ein gutmütiger Pfarrer redet er auf Heinz-Otto ein. „Mann, hören sie auf! Stellen sie sich der Polizei! Sie bringen sich und ihre Familie in Gefahr und sich selbst um Kopf und Kragen.“

Heinz-Otto schwenkt die Pistole zwischen den drei Personen hin und wieder zurück, um klarzustellen, dass er nicht aufgibt. Zu dem Mann gewandt, der ihn irgendwie an einen Hochschullehrer erinnert sagt er in scharfen Ton: „Ersparen sie sich ihre Belehrungen, ich habe keine andere Wahl!“ „Sie haben ja Alkohol getrunken, sie wissen ja gar nicht was sie da machen!“

Nun aber nichts wie raus. Normaler Gang rechts um die Hausekke, dann in vollem Sprint von der Straße durch das Neubaugebiet in Richtung Wald. Er läuft in die Dunkelheit, die ihm Sichtschutz bietet, aber auch mehr und mehr zum Laufgegner wird.

Nach eineinhalb Kilometern, schätzt er, hört er die Sondersignale der Polizeifahrzeuge im Ort. Auf unbekanntem Untergrund muss er sein Lauftempo immer wieder drosseln. Der erste See ist erreicht, an den vielen Wochenendhäuschen vorbei, ist er sich der Gefahr plötzlich auftauchender Fahrzeuge bewusst. Da kommen gleich zwei. Sie verschwinden in der Anlage, bevor ihn ihre Lichtkegel erfassen. Heinz-Otto wird noch vorsichtiger und langsamer. Lichter nach einer Wegbiegung, die beleuchtete Brücke zwischen den beiden Seen.

Zaghaft pirscht er sich, immer wieder Deckung suchend, an sie heran, Totenstille ringsum. So sehr er auch seine Augen anstrengt, das Ende der Brücke ist nicht zu erkennen, die Laternen blenden ihn. Ein Blick auf die Uhr, drei Stunden sind seit seinem Abgang in der Sparkasse vergangen, mehr als genug Zeit, die Brücke unauffällig dicht zu machen.

Immer wieder hat er die Vision, dass an ihrem Ende Scheinwerfer aufflammen werden und er mit erhobenen Händen in eine Lichtwand läuft. Eine volle Stunde hockt er nun schon hier und traut sich nicht hinüber. Alternativ wären zwanzig Kilometer Umweg in dieser Finsternis. Sein Zeitverlust ist schon viel zu groß.

Könnte nicht wenigsten ein Zipfelchen Mond am Himmel erscheinen?

Sein Gang über die Brücke ist eine Verzweiflungstat, keine Scheinwerfer auf der anderen Seite, nur stockdunkler Wald.

Entnervt stellt er fest, dass er beim Abbiegen vom Seeufer in der Finsternis auf den falschen Weg geraten ist. Er irrt hin und her, kommt aber nirgends aus dem Waldgebiet heraus. „So ein Mist auch!" Er kann sich einen lauten Fluch nicht verkneifen. Einziger Anhaltspunkt, die Westrichtung zur Autobahn zu finden ist der Wetterbericht, den er früh im Auto hörte. Von Wind aus Südwest war da die Rede gewesen. Langsam wird Heinz-Otto unruhig und unsicher. Doch da huschen Lichter am Horizont entlang, endlich die Autobahn!

Den Parkplatz verfehlt er um fünf Kilometer. Die Morgendämmerung setzt ein, jetzt kann er schneller laufen. Total ausgepumpt kommt er an sein Auto.

Nachdem er in Wolfslake voll getankt hat, überfällt ihn eine bleierne Müdigkeit, gegen die er verzweifelt ankämpft. Es geht nicht mehr. In Freienhufen lässt er seinen Ford auf dem Parkplatz ausrollen. Erst einmal schlafen, nichts als schlafen.

Gegen Mittag erwachte Heinz-Otto und begriff erst nach und nach, wo er eigentlich war. Nach einigem Strecken und Dehnen fühlte er sich putzmunter. Spürbar ausgeruht trat er die Heimfahrt an. Gegen fünfzehn Uhr war er zu Hause. Im Briefkasten fand er diesmal keine Zahlungsaufforderungen, doch neben dem üblichen Werberamsch einen Brief der Wachgesellschaft. Er wurde zu einem Einstellungsgespräch aufgefordert. Endlich ein Lichtblick, von dem er sich einiges erhoffte.

Sich mit seiner Beute zu befassen unterließ er vorsichtshalber, denn seine Frau konnte jeden Moment aus der Schule kommen. Nur eine halbe Stunde nach ihm war sie da.

Viola überschüttete ihn mit einem Berg unangenehmer Fragen zu seinem unangekündigten vierundzwanzigstündigen Wegbleiben von zu Hause. Er sah keine andere Ausflucht, als einmal mehr seinen eigentlich immer zuverlässigen Ford zu verleumden. Die Lichtmaschine hätte auf der Autobahn, als es schon dunkel war, den Geist aufgegeben, Totalschaden an ihr und weit und breit keine Werkstatt. Auch den Pannendienst hätte er nicht erreicht. Das Auto musste stehen bleiben, er sich eine Übernachtung suchen und am Morgen in die Werkstatt schleppen lassen. Die hätten ihm auch nicht sofort zu Diensten gestanden. Ob sie ihm das abnahm? Ihre kurze Bemerkung, „dauernd lässt dich die Karre im Stich. Solltest dir endlich mal ein vernünftiges Auto zulegen!“, ließ diesbezüglich keine Deutung zu. „Und womit soll ich das bezahlen?“, begehrte er auf. Sie winkte nur wortlos ab. Auch am Kaffeetisch wollte kein rechtes Gespräch in Gang kommen. Es war, als baute sich zwischen ihnen eine unsichtbare Wand auf.

War Viola verärgert, weil sie vermutete oder gar spürte, dass er sie anlog? Drei solche Aktionen, von denen keiner etwas ahnen konnte, hatte er hinter sich, und schon litt das Familienklima darunter.

Noch wusste er nicht, wie viel große und kleine Scheine in seinem Beutel steckten, doch sonnenklar war, dass schon in einer Woche nicht eine müde Mark mehr davon übrig sein würde. Die Gewissheit, noch einige Male losziehen zu müssen, bedrückte ihn sehr.

Viola stand auf und widmete sich ihrem Haushalt. Heinz-Otto ging ihr aus dem Wege, kümmerte sich draußen um die Stute Gloria, den Ziegenbock Moritz und die dreißig Kaninchen.

Der Fehlschuss

Heinz-Otto war wieder an dem Punkt angekommen, an dem es finanziell keinen Ausweg mehr gab. Zum wie vielten Male eigentlich? Nicht ein Pfennig war von seinen nun schon sechs Beutezügen übrig geblieben. Wenigstens Zweihundertdreißigtausend hatte er, grob überschlagen, dabei eingefahren, einige Zehntausend davon aber leider in der Spielbank verloren.

Der Gedanke, dass ihn keine Sorgen plagten würden, wenn die verspielten Riesen jetzt in seiner Schublade lägen, quälte ihn unablässig.

Umgehend musste mit dem Bau des nächsten Hauses für einen Kunden begonnen werden. Die Zeit drängte, es war schon Ende Mai. Allerhöchstens Zwanzigtausend konnte der Kunde anzahlen, doch mindestens Fünfzigtausend musste Heinz-Otto vorfinanzieren.

Seit Tagen grübelte er, suchte nach einem Erfolg versprechenden neuen Ziel. Die Ideen schienen ihm auszugehen, im Kopf lief nichts Brauchbares mehr zusammen.

Sein Blick hakte sich am Ölbild mit dem röhrenden Hirsch an der Kaminwand fest. Er hatte es nie so recht gemocht, aber wer kennt schon die genaue Grenze zwischen Kunst und Kitsch. Seit dem Dilemma in Brück widerte ihn der Schinken regelrecht an. Viola begriff seine so plötzliche Aversion gegen das Bild nicht. Wie sollte sie auch? Bei allem Misstrauen, das sie ihm in letzter Zeit entgegenbrachte, dass sie mit einem Bankräuber unter einem Dach lebte, ahnte sie wirklich nicht. Hoffentlich erfährt sie nie etwas davon!

Damals im März hätten sie ihn fast gegriffen. Dabei war er stolz auf seinen Einfall mit Brück gewesen. Einen idealeren Austragungsort für seinen Dreikampf Lauf-Überfall-Flucht gab es gar nicht. Im Waldgebiet der Rauen Berge mit dem Panzer- und Infanterieschießübungsplatz kannte er jeden Weg und Steg. Jahr für Jahr war er dort mehrere Wochen mit seinem Panzer herumgegondelt, hatte stundenlang Trainingskilometer auf den Waldwegen heruntergeschrubbt, sich auf die militärischen Dreikämpfe in Kuba und Korea vorbereitet. Noch immer wurde der Übungsplatz von der Armee genutzt, war noch immer Sperrgebiet. Trotzdem hatte er es im März auf den reichlich zwanzig Kilometern von Lehnin nach Brück unbehelligt durchlaufen.

Aber dann gab es eine Panne nach der anderen. Polizeiautos und jede Menge Bundeswehrsoldaten vor der Sparkasse, banges Warten, bis sie endlich abgezogen waren.

In der Sparkasse zu viele Leute, schwierig, sie alle in Schach zu halten. Die Kassierer hatten angeblich kein Geld. Er verlor die Übersicht, als sich zu allem Übel auch noch Passanten außen an den Scheiben die Nasen platt drückten.

Der Alarmknopf war sicher längst betätigt.

Auf der Flucht aus der Bank sprang ihn ein kräftiger Bursche von hinten an und hielt sich wie ein Klammeraffe an ihm fest. Nur mit Mühe konnte er ihn abschütteln, obwohl sie solche Situationen bei der Armee oft genug geübt hatten.

Um sein Leben war er dann gelaufen. Die Gewissheit, dass sie Hunde einsetzen würden, trieb ihn durch unzählige Wasserläufe und zwang ihn zu einem guten Dutzend vier bis fünf Meter weiten Sprungrollen, um seine Spuren stückweise zu unterbrechen.

Siebzig Kilometer hatte er an dem Tage hinter sich gebracht, fünfzig davon in mörderischem Tempo mit akrobatischen, halsbrecherischen Sprungeinlagen. Das Ganze für knapp viertausend Mark magere Beute.

Auf dem Wege nach Brück waren ihm die vielen prächtigen Hirsche aufgefallen, die sich ungeniert ohne erkennbare Scheu im Sperrgebiet tummelten. Seitdem erinnerte ihn der Ölhirsch an der Kaminwand jedes Mal, wenn er ihn wieder sah, an die Hetzjagd mit dem mageren Ertrag.

Ausgesprochenes Pech hatte er damals gehabt, eine unglückselige Verkettung ungünstiger Umstände, eine Ausnahme von der Regel, so hoffte er.

Warum sollte er nicht das Pferd, das er schon einmal zu reiten versuchte, vom Schwanz her aufzäumen, nicht wie damals von Lehnin aus die Sparkasse in Brück ansteuern, sondern umgekehrt?

Ein Problem blieb aber immer noch das Sperrgebiet. Darin begegnete man zwar kaum einem Menschen, aber wenn doch, nahmen sie einen dafür umso gründlicher unter die Lupe. Wie könnte man dieses Risiko wenigstens minimieren?

Den Gedanken, sich eine Armee- oder Försterlivree zu besorgen, verwarf er. Den Hauptmann von Köpenick wollte er nicht kopieren. Ganz abgesehen davon, war das in der kurzen Zeit auch nicht machbar. Aber der Gedanke lieferte ihm eine brauchbare Idee.

Aus den meist als Arbeitsklamotten verwendeten übrig gebliebenen Armeeklunkern aus dem Schuppen und passenden Stücken aus dem Schrank stellte er ein Ensemble zusammen, in dem man ihn zumindest aus der Ferne für einen Förster oder genauso gut auch für einen Soldaten halten konnte.

An einem Dienstagvormittag fährt Heinz-Otto wieder nordwärts. An der Abfahrt Lehnin, der ersten nach dem Abzweig Magdeburg, verlässt er die Autobahn und gelangt über Busendorf und Borkwalde nach Brück. Seinen Ford mischt er mittags unter die Autos der Schießplatzbenutzer auf der Parkfläche vor der Anlage.

Nummernschilder aus allen Ecken des Landes sind bunt durcheinander gewirbelt, hier fällt seine Bautzener Nummer garantiert keinem auf. Mit seinem Verpflegungsbeutel macht er sich in seiner verschieden grünfarbenen Montur in nordwestlicher Richtung auf den Weg, vorbei an der Kaserne, entlang des Schießplatzes in den Wald. In vier Stunden will er die gut zwanzig Kilometer hinter sich bringen.

Auf der etwa fünfzig Meter entfernten Parallelstraße kommt ihm ein grüner offener Jeep entgegen und hält an, als er auf seiner Höhe ist. Der Fahrer mit Armeeschirmmütze steht auf, er beobachtet Heinz-Otto, auf die Windschutzscheibe gestützt. Der beachtet ihn scheinbar nicht, geht langsam weiter und mimt einen Pilzsucher. Es kommen ja schon die ersten Pfifferlinge aus der Erde, sogar direkt vor seinen Füßen stehen welche. Er holt betont bedächtig das Messer aus seinem Beutel, bückt sich, schneidet übertrieben sorgfältig einige Pilzchen ab und wirft sie in seinen Beutel.

Der Schirmmützige lümmelt noch immer auf seiner Scheibe. Erst als sich Heinz-Otto wieder mit dem Messer bückt, lässt er sich auf den Sitz fallen und fährt weiter. Den scheint er von seiner Harmlosigkeit überzeugt zu haben. Gott sei Dank! Flurbekanntschaften sollte man auf solchen Handwerkszügen meiden, wo es nur geht. Heinz-Otto erschrickt darüber, dass er wirklich „Handwerk" gedacht hat. Möglicherweise hat ihn auch sein Kostüm vor Unangenehmerem bewahrt.

Eine Büchse Bier wird aufgemacht und in aller Ruhe ausgetrunken. Er kommt gut voran. An die fünfzehn Kilometer hat er wohl schon hinter sich, als in der Ferne wieder Fahrzeuggeräusche hörbar werden. Er zieht einen kräftigen Spurt zu einer kleinen mit Birken durchwachsenen Kieferngruppe an, um sich vor dem herannahenden Fahrzeug zu verbergen. Kurz vor den ersten Bäumchen stürzt er unter einem mächtigen Schlag gegen das linke Schienbein. Nicht nur schreien, brüllen müsste er vor Schmerz, doch das Motorengeräusch ist jetzt ganz in seiner Nähe.

Im Gras liegend, beißt er sich vor Schmerz in den Jackenärmel. Einige Minuten bleibt er reglos liegen, das Fahrzeug ist vorüber, er hat es nicht gesehen. Die Motorengeräusche sind längst verstummt, als er sich langsam zu rühren beginnt. Ein teuflischer Schmerz in Bein und Fuß, wenn er aufzustehen versucht. Den linken Fuß hat er vorsichtig aus einem Loch gezogen.

Was ist eigentlich geschehen? Er muss im vollen Sprint in ein ziemlich tiefes Loch getreten sein, sodass ihn der Schlag der Oberkante mitten am Schienbein traf.

Um Himmelswillen, doch nicht etwa ein Bruch? Vorsichtig zieht er im Liegen das Hosenbein hoch. Ein Bruch scheint es glücklicherweise nicht zu sein, nur das Fußgelenk schmerzt fürchterlich. Er rollt die Socke herunter und versucht es mit der Hand zu bewegen. Der Schmerz durchzuckt ihn wie bei einem Messerstich.

Wo ist denn eigentlich der Beutel geblieben?

Hastig suchen seine Augen das nähere Umfeld ab, ohne Erfolg. Wo ist diese Klamotte bloß hingeflogen? Er kriecht zur nächsten Birke und versucht, sich an ihrem dünnen Stämmchen hochzuziehen. „Ach du armes Bäumchen, bist ja genau so schwach wie ich!"

Wahrscheinlich stützen sie sich beide, denn Heinz-Otto rappelt sich auf. Fleckchen um Fleckchen suchen seine Augen das hohe Gras ab, der Beutel ist nirgends zu entdecken. Das gibt es doch nicht! Heinz-Otto merkt, dass seine Nerven blank liegen, Schweiß perlt ihm auf der Stirn, die Hände werden feucht. Ganz vorsichtig versucht er einen Schritt. Er gelingt, aber äußerst schmerzhaft. Für einen Moment wird seine Sorge um den entflohenen Beutel von einem anderen Gedanken verdrängt.

Sind die Fußballer etwa härter im Nehmen als er? So ein Pressschlag muss doch ähnlich wirken wie sein voller Lauf in das tiefe Loch. Fast immer, nachdem sich so ein Ballkünstler schreiend auf dem Rasen herumgewälzt hat, steht er einfach auf und rennt weiter, sobald dem Sünder eine farbige Karte gezeigt wurde. Diese Rasenclowns spielen doch alle nur Theater!

Mühsam kämpft sich Heinz-Otto von Baum zu Baum weiter in die Kieferngruppe hinein, humpelt in einem Kreis, den er nach und nach vergrößert. Endlich kann er den Beutel entdecken. Kaum zu fassen, wenigstens zwölf Meter von dem vertrackten Erdloch entfernt liegt der Ausreißer im Gestrüpp.

Hoffentlich hat es die Kornflasche nicht erwischt, ist seine größte Sorge. Fast ein Wunder, nichts fehlt, auch die Flasche ist heil geblieben.

Nach diesem Schock ist erst mal eine Büchse Bier fällig. Die anschließenden zwei tiefen Züge aus der Kornflasche empfindet er bei dem Hämmern und Stechen im Fußgelenk als besonders wohltuend. Ein Glück vor allem, dass bei dem Flug die Pistole nicht aus dem Beutel geschleudert wurde. Wenn er die jetzt in dem hohen verfilzten Gras suchen müsste, wären einige Kopfstände nötig, falls er sie überhaupt finden sollte. Ihre Sicherung im Beutel muss er unbedingt verbessern. Aber wie? Man könnte sie mit einer Schnur am Beutel festbinden. An einen möglichen Sturz mit Verletzungen auf seinen Trips hatte er bisher noch nicht gedacht. Wenn ihm das mitsamt der Beute auf dem Rückwege passiert wäre und er sich dabei womöglich noch das Schienbein gebrochen hätte, nicht auszudenken!

Noch einen kräftigen Schluck aus der Flasche, die leere Büchse fliegt in hohem Bogen ins Gras.

Was nun? Die fünfzehn Kilometer zurück zum Auto oder die restlichen reichlich fünf nach vorn? Wird das Fußgelenk ein Weiterlaufen überhaupt noch mitmachen? Er reibt es mit Korn ein und versucht, mit ein paar zusätzlichen Schlückchen das immer noch andauernde Tuckern im Gelenk zu betäuben. Erste Gehversuche, tatsächlich lässt der Schmerz etwas nach.

Das erkämpfte Zeitpolster ist aufgebraucht, es wird verdammt knapp werden. Trotzdem entscheidet er sich für den Weitermarsch zur Sparkasse nach Lehnin. Über die zwanzig Kilometer Rückweg macht er sich noch keine Gedanken, irgendwie muss es gehen.

Immer wieder die Zähne zusammenbeißend, erreicht er den einen ganzen Kilometer langen Vorort Rädel. Weil die Zeit drängt und er auf der Straße mit seinem Fuß besser zurecht kommt als im unwegsamen Gelände, umgeht er ihn nicht, sondern wandert hindurch. An den Seen dahinter kommt er auf den Stadtwaldweg nach Lehnin.

Eine prächtige Landschaft jetzt im Spätfrühling oder auch schon Frühsommer. Leider verbietet ihm die ständige Konzentration auf den schmerzenden Fuß, sie zu genießen, zumal die Schmerzen zunehmend heftiger werden.

Eineinhalb Kilometer noch bis zum Ziel, Zeit, den Alkoholspiegel auf das richtige Niveau zu bringen. Die letzte Büchse Bier zischt wie eine Schlange, als er sie öffnet. Auch das letzte Viertel in der Kornflasche muss bis zum Ende des sich anschließenden herrlichen Buchenparks konsumiert werden, denn danach hat er keine Dekkung mehr.

Ausreichend angesäuselt wird Heinz-Otto doch noch empfänglich für die Schönheit dieses Fleckchens, aber er muss sich beeilen, wenn er an der Sparkasse nicht vor verschlossener Tür stehen will. Als die ersten Häuser in Sicht sind, beginnt sein Fuß wieder stärker zu tuckern.

Eigenartig, dass er auf der ganzen Strecke von Rädel bis nach Lehnin nicht einem einzigen Menschen begegnet ist. Drei viertel sechs ist es inzwischen, auch im Ort sind keine Leute zu sehen. Verwunderlich, aber günstig für ihn. Doch nirgends findet er eine geeignete Stelle, an der er von allen Seiten ungesehen seine Maske unter die Mütze streifen könnte.

Hier kann ja jeden Moment eine ABM-Kraft auftauchen, die die Bürgersteige hochklappt, witzelt er in sich hinein. Er muss das Maskierungsmanöver direkt vor der Sparkassentür ablaufen lassen, lange dauert es ja nicht. Mütze ab, Maske aus der Tasche, über den Kopf ziehen ohne dabei die Mütze fallen zu lassen, Mütze darüber.

Dann ein kurzer, kräftiger Druck auf den geschwungenen Türknopf. Doch die Tür bewegt sich nicht. Er zieht und drückt ein paar Mal im Wechsel, doch sie gibt in keiner Richtung nach.

Die Bude ist zu. Das kann doch nicht sein! Ein Blick auf die Uhr, es ist noch gar nicht sechs. Hilflos reißt er sich Mütze und Maske vom Kopf, späht vorsichtig nach allen Seiten, aber kein Mensch ist in der Nähe, der ihn gesehen haben könnte. Heinz-Otto bleibt wie angewurzelt stehen. Ohnmächtige Wut steigt in ihm auf. Die Gedanken purzeln nur so durcheinander.

Mit dem kaputten Fuß über zwanzig Kilometer vom Auto entfernt, die ganze Strecke umsonst gelaufen, kein Mensch auf der Straße, keiner hätte seinen Überfall bemerkt. Idealere Bedingungen für einen Bruch konnte es gar nicht geben, und dann einfach die Tür zu!

Am liebsten hätte er sie gewaltsam eingetreten, doch so weit war die Hemmschwelle noch nicht überwunden.

Dem Heulen nahe ist er bei dem Gedanken, dass er ja spätestens in der nächsten Woche den großen Batzen Geld braucht, der ihm gerade entgangen ist.

Hat ihn da drin etwa einer oder eine kommen sehen, seine Absicht an der Nasenspitze angesehen und schnell abgeschlossen? Dann muss er sich schleunigst aus dem Staube machen. Missmutig tritt Heinz-Otto den Rückzug in den Buchenpark an. Den landschaftlichen Reiz, den der Park noch vor einer halben Stunde auf ihn ausübte, hat dieser jetzt verloren.

Sein Versuch, erst einmal nach Rädel zu gelangen, scheitert. Das Fußgelenk macht nicht mehr mit. An einer Parkbank zieht er das linke Hosenbein hoch und erschrickt, ein Klumpfuß, schlimmer als er dem Teufel immer angedichtet wird.

Jeden Gartenzaun als willkommene Stütze nutzend, humpelt und hangelt er sich zum Gasthaus „Drei Linden“, vor dem außer den namensgebenden Bäumen auch eine Telefonzelle steht, die einzige im Ort. Natürlich fehlt das Buch.

Über die Auskunft erfragt er die nächste Taxinummer. Erst nach zwanzig Minuten kommt der Mercedes, so hatte er Zeit genug, sich eine glaubhafte Geschichte über das Zustandekommen seiner Gehbehinderung auszudenken.

Der Fahrer entschuldigt sich, dass es etwas länger dauerte, er musste das Sperrgebiet umfahren, und mustert leicht verblüfft Heinz-Ottos ungewöhnliche Uniform. „Sie haben doch sicher eine Durchfahrtserlaubnis? - „Ja schon, aber nicht bei mir, die liegt im Auto." flunkert Heinz-Otto.

„Dann eben drumherum, steigen sie ein!" Der Fahrer wird ihm jetzt sicher wegen seiner schwer einzuordnenden Montur Löcher in dem Bauch fragen, dem muss er zuvorkommen.

Auf seine Frage nach der Geschäftslage beißt der offenbar sehr gesprächige Fahrer an. Was er erzählt, kennt Heinz-Otto: „Schleichend, gerade mal so, dass es sich noch dreht. Eben wie überall."

Jetzt hat er einen guten Kunden, denn auf dem Umwege um den Übungsplatz kommen gut sechzig Kilometer zusammen.

Dummerweise hat Heinz-Otto sein Geld im Auto. Dass er sich dort absetzen lassen muss, passt ihm überhaupt nicht in den Kram, aber er hat keine Wahl. Achtundfünfzig Mark sind fällig, er hatte mit mehr gerechnet.

Gegen Mitternacht war er zu Hause, Viola schlief schon. Nicht nur deprimiert, moralisch fix und fertig hing er im Sessel.

Nachdem er sich ein Bier eingegossen hatte, wollte er sich um seinen Klumpfuß kümmern, fand aber die Hepatrompsalbe nicht. Viola wecken kam nicht in Frage. Dann mussten es eben eine halbe Stunde lang kalte Umschläge tun. Dabei konnte er ohne Hast ein paar Gläser leeren. Heinz-Otto wusste nicht so recht, ob er weinen oder lachen sollte, als er ins Bett humpelte.

Einen kaputten Fuß und achtundfünfzig Mark Miese, das war sicher selten einem Bankräuber gelungen.

Ein glatter Schuss ins eigene Knie!

Zwangspause

Die Wirkung der kalten Umschläge war nicht überwältigend, stellte Heinz-Otto am nächsten Morgen fest. Schon um achtzehn Uhr musste er wieder seinen Wachdienst antreten, ausgerechnet heute in den Hörsaalkomplexen der Dresdner Uni. Er mochte nicht an die vielen Treppen denken, die er in den Dienststunden achtmal rauf und wieder runter humpeln durfte.

Den zweiten Monat schlug er sich nun schon bei diesem Verein die Nächte um die Ohren, zählte Stufen und drückte auf Türklinken. Hätte er sich nicht immer noch eine Beziehung zu Geldtransporten erhofft, wäre er längst ausgestiegen, denn auf die paar Pfennige, die es dafür gab, konnte er gern verzichten.

Viola begnügte sich damit, dass er sich den Fuß auf einer der Baustellen lädiert hatte, auf denen er herumkroch. Nur die Mädel, vor allem die kleine Theresa, wollten ganz genau wissen, wie es passiert war. Da musste er sich schon einiges einfallen lassen.

Viola machte sich sofort auf den Weg nach der Salbe. Die bewirkte zwar keine Wunder, aber brachte wenigstens eine spürbare Linderung.

Erst da wurde Heinz-Otto richtig bewusst, dass er als Langlaufbankräuber eine ganze Weile aus dem Rennen war. Und das Wasser stand ihm gerade jetzt mal wieder wirklich bis zum Hals.

Geldforderungen vom Rechtsanwalt für die Kellereinheit lagen auf dem Tisch. Was ihm noch blieb, war Hinhaltetaktik. Er musste Zeit gewinnen, zurückschreiben und höflich um Aufschub bitten, bis der Kunde seine Finanzierung wieder in den Griff bekommen würde. Ob ihn das retten konnte, war ungewiss. Es galt, alles zu tun, damit er so schnell wie möglich wieder auf die Beine kam.

Die Zwangspause bescherte ihm mehr Zeit für die Familie, vor allem Verena mit ihrem Pferd profitierte davon. Aber auch er selbst, war überrascht, wie schnell und oft sich die Last der Geldsorgen schon durch ein herzliches Wort oder einen noch so kleinen Scherz zwischen ihm und seinen drei Damen zeitweise verdrängen ließ.

Seit langem wieder einmal ein gemeinsamer Wochenendausflug mit Mittagessen, Wandern und Kaffeetrinken. Nur beim Bezahlen wurde er stets schmerzhaft daran erinnert, dass sie schon eine ganze Weile ausschließlich von Violas sicherem Lehrergehalt lebten, das kränkte seinen Stolz.

Theresas Rettungsschwimmerlehrgang im Kamenzer Hallenbad nutzten beide zu einigen erholsamen Schwimmstunden, die seinem Fuß recht gut taten.

Der Huf am Bein hatte auch seine guten Seiten.

Inzwischen war in vielen Tageszeitungen über den nicht zu fassenden dreisten Bankräuber berichtet worden, der in der Lausitz und in Brandenburg sein Unwesen trieb.

„Rotkäppchen" nannten sie ihn dort wegen seines Markenzeichens, der roten Maske. Heinz-Otto, der nach seinem ersten Bruch in Neukirch allen Gesprächen darüber bisher unsicher aus dem Wege ging, konnte jetzt eigenartigerweise ganz locker damit umgehen, auch wenn im Familienkreise die Rede darauf kam. Er empfand sogar einen gewissen Stolz dabei.

„Scheint eben ein Profi zu sein." warf er verschmitzt ein.

Mit seinem Fuß wurde es von Tag zu Tag besser. Heinz-Otto begann schon wieder mit leichten Trainingsläufen, entschlossen sein illegales Nebengewerbe weiter zu betreiben.

Der Zahlungsaufschub war bewilligt worden, aber nur um eine Woche. Das bedeutete, er brauchte das Geld so schnell wie möglich.

Die Geldnot war nach wie vor der Hauptantrieb für neue Überfälle, aber er hatte auch etwas auszubügeln. Die verschlossene Sparkassentür in Lehnin betrachtete er als die größte Niederlage in seinem bisherigen Leben.

„Dass du immer gewinnen musst!", fauchte ihn ein Teamkamerad einmal neidisch nach einem Wettkampf an. „Wenn ich schon starte, dann will ich auch siegen!", hatte er ihm damals geantwortet.

Dieses Motiv beherrschte bei allem, was er anging, wohl stets sein Unterbewusstsein. Wenn er verlor, war er nur gegen sich selbst ein schlechter Verlierer. Es waren seine eigenen Fehler, die ihn maßlos ärgerten, nie hatte er irgendwelche Umstände oder gar andere dafür verantwortlich gemacht.

Er war davon überzeugt, dass er nach seinen bisherigen sieben Aktionen, so unterschiedlich sie auch verlaufen sein mochten, genügend Erfahrungen besaß, auch anspruchsvollere Ziele anzugehen. An den Stadtrand von Dresden wollte er sich wagen, nach Klotzsche, zur Sparkasse am Bahnhof mit dem Heidegebiet dahinter.

In der Dresdner Heide hatte er den Härtetest als Fallschirmspringer und sein erstes Überlebenstraining absolviert, Orientierungsläufe und Übungen im Scheibenschießen mitgemacht. Sicher hatte sich in den Jahrzehnten seitdem einiges verändert, aber den Hauptwegeplan hätte er immer noch jederzeit aus dem Kopf aufzeichnen können.

Bestenfalls zwölf Kilometer waren es von Radeberg aus, das kam seinem noch nicht hundertprozentig intakten Fuß sehr entgegen.

Flucht im Regen

Kurz vor Mittag stellt er den Ford in einem Neubaugebiet ab. Als er den Schlüssel auf dem Nachschalldämpfer deponieren will, kommt eine ganze Familie zum Nachbarauto und steigt ewig nicht ein.

Heinz-Otto bückt sich hinter dem Auspuff, zieht den linken Schnürsenkel auf, legt den Schlüssel ab und bindet den Schuh wieder zu. Trotz des diesigen Wetters sind viele Leute in der Heide unterwegs, sogar ganze Schulklassen. Als Jogger fällt er hier unter den verrücktesten Monturen der vielen Laufapostel aus der großen Stadt auch in seinem grünen Sommerhut nicht auf, den er nach der Regenmeldung im Wetterbericht für zweckmäßig hält. Auf den gepflegten und gut markierten Wanderwegen der Dresdner Heide lässt es sich angenehm laufen.

Das Schild „Diebsweg" verspricht ihm, dass er auch auf dem richtigen ist. Langsam beginnt es zu nieseln. Weiter geht es locker an der Prießnitz entlang, er hat keine Eile. Das Waldbad in Klotzsche und die nähere Umgebung sind bei dem Wetter menschenleer.

In aller Ruhe trinkt er seine zweite Bierbüchse aus und spült ausreichend mit Korn nach. Nur noch wenige Meter bis in die Stadt, es bleibt ihm genügend Zeit.

Die unbeschreibliche Verkommenheit des Klotzscher Bahnhofes fällt Heinz-Otto auf. Der Nieselregen ist stärker geworden. An der Dönerbude gegenüber der Sparkasse treiben sich noch einige Gestalten herum. Hoffentlich verschwinden sie bald. Die Schließzeiten der Kasse interessieren ihn. Heute ist Freitag, Schalterschluss schon fünfzehn Uhr. Die Zeit reicht, um den Fluchtweg noch einmal gemütlich abzuschlendern. Am Waldrand sind die letzte Büchse Bier und der Kornrest fällig.

Das Nieseln ist inzwischen in einen perfekten Landregen übergegangen. Die Straße ist um diese Zeit auffallend stark befahren, Fußgänger sind nur wenige unterwegs. Auch der Betrieb an der

Dönerbude hat sich in Wohlgefallen aufgelöst. Die Pistole ist am rechten Fleck und auch die Maske gut unter dem Sommerhut verstaut. Durch die Glastür kann er nicht den ganzen Schalterraum einsehen.

Ein ähnlicher Portalgriff wie in Lehnin, aber diesmal gibt die Tür dem ersten Druck nach. Links, etwas abseits, sind zwei oder drei Leute in das Ausfüllen ihrer Überweisungsformulare vertieft. Heinz-Otto schreckt sie nicht auf, geht von der Tür direkt zu den Schaltern. Nur einer ist besetzt. Er gibt sich alle Mühe, seine Aufforderung forsch und trotzdem nicht allzu laut vorzubringen.

Die Frau am Schalter ist geschockt, als er plötzlich mit der Pistole vor ihr steht. Ihr Mund bleibt eine Weile offen, doch sie begreift schnell, was sie zu tun hat, sieht ihn kaum an, schielt nur schüchtern auf die Pistole und füllt den Beutel. Ein Blick nach links zum Schreibtisch sagt Heinz-Otto, dass die Leute dort seinen Auftritt überhaupt nicht zur Kenntnis genommen haben.

Nach einer Kehrtwendung zieht er sich noch im Schalterraum seinen ganzen Kopfputz herunter, verstaut die Maske im Hut und setzt ihn wieder auf. Die Leute auf dem Fußweg vor der Bank haben es bei dem Regen eilig, sie beachten ihn nicht. So kann auch er ohne aufzufallen in einen Sturmschritt übergehen.

Nach fünfzig Metern wagt er einen Blick zurück. Die über Eck eingesetzte Sparkassentür ist zu, niemand steht davor, es kommt auch keiner heraus. Er hat die Bahnunterführung hinter sich und den Heiderand erreicht.

Noch immer ist kein Sondersignal eines Polizeiautos zu hören, dabei liegt das Landeskriminalamt am „Wilden Mann" fast um die Ecke. Sind denen die paar Riesen zu wenig am Freitag kurz vor Feierabend? Wenigstens zu fünfzig Prozent werden sie mit einer Flucht in die Heide rechnen. Dann ist äußerste Vorsicht beim Überqueren der Straßen geboten, vor allem in die Langebrücker lässt sich bei ihrer Geradlinigkeit stellenweise einen ganzen Kilometer einsehen.

Zum Glück hat der Regen die Leute aus dem Wald verscheucht. Heinz-Otto gönnt sich eine kurze Pause, denn sein Fuß ist doch noch nicht ganz der Alte. Eine dichte Fichtengruppe mit reichlich Unterholz hat den Regen vom Boden noch fern gehalten, dort sitzt er im Trockenen.

Feuchte Stille ringsum, noch immer ist aus keiner Richtung eine Polizeisirene zu hören. Die ersten dicken Tropfen haben sich den Weg durch die Fichten gebahnt, es wird ungemütlich in seinem Versteck. So geräuschlos wie möglich wühlt er sich heraus. Genau so pirscht er sich auch auf den letzten Metern an die Langebrücker Straße. Ununterbrochen rollt der Verkehr in beide Richtungen. Er wartet, nur normal fahrende Autos ziehen vorüber. Endlich eine Fahrzeugpause, ein kurzer Sprint, geschafft!

Heinz-Otto meidet die breiten Wege, läuft Schneisen entlang, durch Pfützen, nasses Gras und Gesträuch. Seine Klamotten sind von der Sohle bis zum Kragen durchnässt.

Auf fünfzehn Meter hat er sich an die Radeberger Landstraße herangearbeitet. Als er zum Überquerungsspurt ansetzen will, hört er Stimmen im Gebüsch auf der anderen Straßenseite. Mindestens drei Personen, die sich dort laut unterhalten oder gar streiten. Eine Frau und zwei Männer, glaubt er nach längerem Lauschen ausmachen zu können.

Verstehen kann er nur nichts sagende Wortfetzen wie „Richard - wäre unklug - schon unterwegs - ist doch ein Spinner - viel zu weit." Zu sehen ist nichts, auch kein Auto. Drei Leute bei diesem Wetter mitten im Busch, weit weg von den Ortschaften, ohne sich von der Stelle zu rühren? Das ist doch nicht normal!

Seine Überlegungen werden unterbrochen. Eine junge Frau tritt plötzlich aus dem Wald und läuft am gegenüberliegenden Straßenrand entlang in Richtung Dresden. „Sie kommen!", ruft sie schon nach wenigen Metern.

Die zwei Männer steigen aus dem Busch, vor ihnen hält ein Polizeiauto mit eingeschalteter Rundumleuchte, aber ohne Sondersignal.

Lautlos sind sie ihm also auf den Fersen und zwingen ihn, klitschnass wie er ist, so kurz vor dem Ziel noch zu einem Umweg in Richtung Liegau von wenigstens eineinhalb Stunden.

Nicht mal auf seinen angeschlagenen Fuß, der sich wieder bemerkbar macht, nehmen sie Rücksicht, diese Menschenschinder! Entlang der Bahnlinie kämpft er sich zum Neubaugebiet durch. Der Landregen hat sich inzwischen zum Wolkenbruch gemausert.

Die Dachrinnen des ganzen Komplexes sind total überfordert, das Wasser schießt über sie hinweg, als gäbe es sie gar nicht. Nässer als ein begossener Pudel erreicht er sein Auto. Schnell den Schlüssel, trockene Sachen aus dem Kofferraum und ab auf den Beifahrersitz!

Aber wirklich auch nicht einen trockenen Faden hat er mehr am Leib. Der Hut sollte ihn davor schützen. Lächerlich, einen Taucheranzug hätte er gebraucht! Mit dem klitschigen Unterhemd versucht er die Haut auf Armen, Bauch und Rücken wenigstens etwas von der Nässe zu befreien, bevor er in die trockene Wäsche schlüpft. Die nassen Klamotten fliegen hinter die Vordersitze.

Ein regelrechtes Wonnegefühl durchzieht den ganzen Körper. Heinz-Otto durchlebt auf seiner Fahrt nach Hause zufriedene Minuten, wie selten in letzter Zeit. Er ist eben doch ein Profi!

Trotzdem brauchte er zu Hause zwei halbe Liter Bier, um den Stress abzubauen, der sich im Laufe des Tages in ihm angestaut hatte. Und wieder hatte er ein sagenhaftes Glück gehabt, sollte er nicht lieber doch endlich aufhören?

Hätten die Kripoleute an der Radeberger Landstraße nicht derart laut debatiert, er wäre ihnen voll ins Messer gelaufen!

Am nächsten Morgen fühlte sich Heinz-Otto wie neu geboren. Die finanzielle Sicherheit zumindest für die kommende Woche gab ihm etwas innere Ruhe zurück. Dieses Wochenende konnte er lokker angehen wie lange keines mehr.

Schon beizeiten betätigte er sich als Futtermeister im familieneigenen Kleinzoo. Pferd und Ziegenbock teilten sich den Eimer Hafer in der Rangreihenfolge, erst der Bock und dann die Stute. Der Bock bekam noch einmal Appetit, als die Stute an der Reihe war, er schubste sie einfach zur Seite.

Nachdem der Eimer leer war, bugsierte Heinz-Otto beide in die Koppel, in der sie sich kräftig austobten und sah dem Treiben belustigt zu.

Das Rollo des Küchenfensters wurde hochgezogen, das Signal dafür, dass das Frühstück auf ihn wartete.

Großeinsatz in der Heide

Drei weitere Geldbeschaffungsläufe hatte Heinz-Otto in den neun Wochen danach mit unterschiedlichem Erfolg hinter sich gebracht, mal Top mal Flop.

Schwarzheide war ein sehr lohnender gemütlicher Spaziergang ohne jegliche Verfolgungshatz geworden.

Tharandt hatte wenig gebracht, war aber ohne große Strapazen abgelaufen.

Doch der Norden hatte ihm wieder zugesetzt; nur knapp war er der Polizei entgangen und mit dem nackten Leben davongekommen. Wenige Wochen konnte er sich mit den „Einnahmen“ über Wasser halten, doch schon seit Tagen erschienen wieder rote Zahlen auf den Kontoauszügen.

Er erinnerte sich, dass es in der Dresdner Heide, abgesehen von der Wasserschlacht, keine größeren Komplikationen gegeben hatte.

Diesmal nahm er die Südseite ins Visier, den Weißen Hirsch.

Die Kommerzbank versprach dort den größeren Beutehappen, lag auch für die Flucht am günstigsten. Aber da gab es ein Handikap.

Aus seiner Armeezeit kannte er den Chef der Filiale und der ihn natürlich auch. Der ehemalige KFZ-Offizier hatte es tatsächlich bis zum Bankfilialleiter gebracht. Auf seinem Wege nach oben wären einige über die Klinge gesprungen, wurde behauptet.

Sollte er ihm vielleicht nicht doch eins auswischen? Heinz-Otto zog es vor, das Risiko nicht einzugehen, er entschied sich für die benachbarte Sparkasse.

Schon auf den ersten Kilometern will sein Auto nicht mehr. Der Motor geht aus, springt nur mühsam wieder an und geht bald darauf wieder aus. Am Stadtrand von Bischofswerda rührt er sich überhaupt nicht mehr.

Zum ersten Mal lässt ihn der sonst so treue und zuverlässige Ford im Stich.

Heinz-Otto ist am Verzweifeln. Er läuft in die Werkstatt, gibt den Schlüssel ab, damit das Auto hingeschleppt werden kann, und nimmt sich einen Leihwagen, metallicblau, mit dem Firmenschild der Werkstatt.

In der Königsbrücker Straße stellt er ihn ab und begibt sich mit seinem Verpflegungsbeutel als Jogger in die Heide. Diesmal dürfte er auf der Flucht kaum allein im Wald sein, stellt er fest. Zu viele Laufspässler sind an diesem sonnigen Spätsommertage unterwegs, dazu massenweise Pilzsucher. Kaum eine Stelle, an der er in Ruhe und unbeobachtet sein Bier und den Korn trinken kann.

Die Bierbüchsen leert er daher ganz offiziell auf Parkbänken, einen Schluck Korn nimmt er immer wieder, wenn zufällig keiner in der Nähe ist. Er muss auf alle Fälle einen andern Rückweg nehmen, geht ihm durch den Kopf, zu viele haben ihn auf dieser Strecke gesehen.

Der Straßenverkehr am „Weißen Hirsch“ ist so rege, dass er oft zum Stillstand kommt. Da werden auch die Bullen mit ihrem Tatü-Tata und der blauen Blinkfunzel Schwierigkeiten haben durchzukommen.

Es ist kurz vor sechs, noch immer sind mehrere Kunden im Schalterraum. Er kann nicht warten, bis sie die Bude zumachen. Doch die Leute bereiten ihm beim Anblick der Pistole keine Schwierigkeiten.

Zwei besetzte Schalter weist der Raum auf. Heinz-Otto wendet sich an die ältere Angestellte. Ältere haben immer mehr zu sagen. Die Frau schrickt so zusammen, dass er glaubt, sie rührt sich überhaupt nicht mehr. Doch sie beginnt den Beutel zu füllen.

Mit zwei Schritten ist er am Schalter der Jüngeren. Ein Wink mit der Pistole genügt, sie steckt den Inhalt ihrer Geldschieber durch die Öffnung in der Glasfassade. Heinz-Otto holt inzwischen den gefüllten Beutel vom ersten Schalter und fegt die Päckchen vom Bord des anderen dazu.

Unbehindert verlässt er den Kassenraum, tauscht die Maske auch diesmal noch vor der Tür gegen seine Schiebermütze aus.

Wieder erweckt er bei den Passanten auf dem Fußweg keinerlei Verdacht. In beherztem Normalschritt biegt er um die rechte Ecke des Kassengebäudes. Dann zieht er am Musikdrohm vorbei zum Lauf an und spurtet abseits der Wege einen hundert Meter langen Steilhang hinauf. Nach fünf Minuten erreicht er einen Wanderweg.

Noch kein Aufruhr im Hintergrund. So kann er verhalten laufen, um nicht bei Leuten, die ihm hier jederzeit entgegenkommen können, Verdacht zu erregen. Mit genügend Vorsprung ausgestattet, verlässt er den Weg und sucht Schutz in der Tiefe der Heide.

Schon dröhnen in der Ferne Hubschrauberrotoren. Oh, die kommen ja heute gefährlich schnell aus der Hüfte! Doch das Blätterdach ist dicht genug im ganzen Waldstück, er braucht sich nicht zur Sichtdeckung ängstlich an einen Baumstamm zu quetschen.

Die Hummel dreht Kreise über ihm, das bedeutet, sie vermuten ihn dort, wo er auch ist. Ein zweiter Hubschrauber taucht auf, beide ziehen unablässig eine Schleife nach der anderen über seinem Versteck.

Durch die Schneisen hindurch erkennt Heinz-Otto, dass sich auch am Boden etwas tut. Polizeiwagen rollen im Schritttempo auf den Waldwegen entlang, alle voll besetzt, wie er zu erkennen glaubt, aber noch hat er keinen aussteigen sehen. Auch Mannschaftswagen sind dabei. Wenigstens fünfzig Leute haben sie hier zusammengezogen, schätzt er.

Wenn die jetzt abspringen und Suchketten bilden, ist es aus! Aber sie springen nicht ab. Haben sie Angst vor seiner Pistole? Lächerlich, fünfzig Mann mit scharfen Waffen, sicher auch Maschinenpistolen dabei, gegen einen einzigen mit ungeladener Schreckschusspistole.

Welch ein Ungleichgewicht! Vielleicht warten sie aber auch nur auf den Hundeeinsatz.

Bei dem Gedanken läuft ihm ein eiskalter Schauer über den Rükken. Er muss an seine missliche Lage auf dem Rückzug aus Wusterwitz denken. Noch immer hatte sein Gehirn keinen brauchbaren Trick gegen eine Hundestaffel gefunden! Er muss sich unbedingt in das benachbarte Sumpfgelände vorarbeiten.

Eine laute Stimme schreckt ihn auf. Aus drei verschiedenen Richtungen wird er nacheinander durch Lautsprecher aufgefordert, aus dem Wald zu kommen, er wäre hoffnungslos umstellt. Heinz-Otto hat sich vom ersten Schreck erholt. Hoffnungslos? Fragt sich nur für wen! Jetzt kennt er wenigstens ihre Positionen.

So, wie er es bei Karl May gelesen, als Kind gespielt und bei der Armee gelernt hatte, wie ein sich sorgfältig verbergender Prärieindianer schleicht er sich Meter um Meter in die sumpfige Niederung.

Nach einer langen Wanderung in einem Wassergraben entdeckt er ein hohes und dichtes Brombeergestrüpp, in dem er bis zum Einbruch der Dunkelheit bleiben will.

Die Polizeiautos patrouillieren weiter auf den Wegen, die beiden Hubschrauber kreisen immer noch. Einer lässt sich plötzlich förmlich fallen. Eh, was wird denn das?

Er landet zweihundert Meter von ihm entfernt. Sie konnten ihn doch unmöglich entdeckt haben! Er wird unsicher und nervös. Kommt jetzt etwa doch noch das Fußvolk? Hastig zieht er den Anzug aus, in dem er ja gesehen wurde, und verbuddelt ihn so sorgfältig, wie es ihm sein Nervenflattern gestattet, zusammen mit der Beutetasche einschließlich Pistole und Maske unter der Hecke.

Noch ist er am Überlegen, in welche Richtung er sich entfernen soll, als der Hubschrauber wieder aufsteigt. Was ist denn hier eigentlich los? So vorsichtig es geht, pirscht er sich in die Richtung der Landestelle.

Die Dämmerung macht sich unvermutet schnell breit und es beginnt zu regnen. Heinz-Otto ist überrascht, dass er den Landeplatz im Halbdunkel als einen Sportplatz mitten im Wald ausmachen kann.

Das also ist des Rätsels Lösung, ein ganz gewöhnlicher Zwischenlandeplatz der Hummeln! Und er hat sich verrückt machen lassen.

Der Regen hat zugelegt, es gießt wie aus Kannen. Stockdunkel ist es geworden. Kein Wunder, die Uhr zeigt knapp eine Stunde vor Mitternacht an. Jetzt kommt sicher erst recht kein Polyp mehr aus seinem Auto.

Die Hubschraubergeräusche sind schon seit geraumer Zeit verstummt, auch die Wegelagerer scheinen sich verzogen zu haben.

Heinz-Otto schlottert in Sporthemd und kurzer Hose vor Kälte im Regen. Er hastet zum Versteck zurück, um sich wieder anzuziehen. In der totalen Finsternis kommt er nur tastend vorwärts. Ganz sicher ist er sich nicht, ob er auch wirklich unter dem richtigen Brombeerstrauch sucht.

Hektisch und zähneklappernd wühlt er in ihm herum, ohne Erfolg. Die Dornen der Ranken verhaken sich an Händen, Armen und Beinen und auf Bauch und Rücken auch durch das Hemd in seiner Haut.

Er glaubt noch niemals so verzweifelt gewesen zu sein. Auch die Taschenlampe hat er mit im Versteck deponiert. Warum eigentlich? Wie konnte ein Profi nur einen so gravierenden Fehler machen?

Grenzenlose Wut auf sich selbst schüttelt ihn. Aussichtslos! Im Hochsommerlook macht er sich auf den Weg zum Auto. Die Polizeiaktion ist abgeblasen, er kann auf den Wegen laufen.

Endlich Bewegung, in der sich der Körper langsam aufwärmt. Schon fast am Auto, hält ein Golf nicht weit von ihm, ein Mann steigt aus, ein Hund hopst hinter ihm auf die Straße.

Muss dieser Vollidiot unbedingt nach Mitternacht seinen Pinscher noch ausführen! Jetzt kommt der Köter auch noch zu ihm und schnuppert am Bein herum. „Nehmen sie den Hund weg!“, herrscht er den Blödmann an. Der murmelt eine Art Entschuldigung und glotzt Heinz-Otto an, wie ein seltenes Tier im Zoo. Kein Wunder, bei seinem Aufzug zu nachmitternächtlicher Stunde im Regenwetter. Der Köter zieht den Mann weiter.

Drei wurde es gleich, als er zu Hause ankam, doch schon um sechs war Heinz-Otto wieder auf den Beinen. Er wollte sein Versteck ausräumen, bevor die Pilzsucher ausschwärmten. Selbst bei Tageslicht hatte er Mühe, es zu finden.

Wenigstens ein Dutzend Prachtexemplare von Pilzen hatte er schon in der Tasche, als er es endlich aufstöberte. Mit zwei Beuteln recht unterschiedlichen Inhalts kehrte er unbehelligt zum Leihauto zurück, tauschte es in Bischofswerda gegen seinen alten treuen Ford ein und saß pünktlich zum Mittagessen zu Hause am Tisch.

Die Pilze, angeblich aus dem Bischofswerdaer Stadtwald, lieferten für Viola ein ausreichend gutes Alibi für die Zeit, die er nach Bischofswerda und zurück auch ohne Auto im Spaziergang spielend bewältigt hätte.

Heinz-Otto begriff, dass er auch bei dieser Aktion in der Heide weit mehr Nerven gelassen hatte, als er sich eingestehen wollte. Bei der Landung des Hubschraubers waren sie ihm sogar durchgegangen. Noch so ein Akt, und er würde über Nacht weiße Haare bekommen.

Die Großstadt musste künftig ausfallen. Zu schnell konnten sie dort ein großes Polizeiaufgebot auf die Beine stellen. Wären die abgesprungen und hätten den Wald durchkämmt, nicht einmal der Hauch einer Chance wäre ihm geblieben.

Wildern im eigenen Revier

Von Anfang an war ihm bei der Planung seiner Beutezüge Arnsdorf durch den Kopf gegangen. Dort stand sein Musterhaus, Arnsdorf war sein eigentliches Arbeitsdomizil.

Bekannt wie ein bunter Hund, hatte er schon manches Bier mit Leuten aus dem Städtchen und den umliegenden Dörfern getrunken. Dort kannte er die Sparkasse außen und innen wie seine Westentasche. Er kannte aber auch die diensttuenden Damen in der Kasse persönlich recht gut und sie ihn.

Eine Schnapsidee also, die er immer, wenn sie wieder in ihm wach wurde, sofort verworfen hatte.

Der Marder wildert nicht auf seinem eigenen Hof, er geht fremd, wenn er Hunger hat. Warum eigentlich? Heinz-Otto geriet ins Grübeln. Was bewog diese possierlichen Tierchen dazu, das Federvieh und seine Gelege im und am Nesthaus in Ruhe zu lassen? Befürchteten sie eine sofortige unausbleibliche radikale Zwangsräumung aus ihrem Bau?

Bankräuber unterließen das Wildern im eigenen Revier jedenfalls wegen der zu großen Gefahr, erkannt zu werden. Nur ganz selten verstieß einer gegen die sicher jahrhundertealte Räuberregel.

Nach der Nervenschlacht in der Dresdner Heide drängte sich Arnsdorf erneut in seine Gedankenwelt. Die Antiheimspielregel zu durchbrechen, könnte ihm sogar einen Vorteil bringen. Keiner würde auch nur im Entferntesten auf die Idee kommen, dass unter der Maske Heinz-Otto Hermann stecke, auch wenn er ihm figürlich noch so ähnlich sei.

Auslachen würde man jeden, der einen solchen Verdacht äußerte. Dazu kam, dass das Umfeld für seinen Lauf-Raubstil wie geschaffen war. Die Abgangsmöglichkeiten, durch das weitflächige Häusergewirr der Psychatrischen Bezirksklinik im Carswald im Süden oder nach zwei Kilometern über freies Feld im Masseneiwald unterzutauchen, fand er geradezu ideal.

Auch an die umliegenden Dörfer ohne eigene Kassen hatte er ab und zu gedacht, sie wurden mit Sparkassenmobilen, fahrbaren busähnlichen Kästen, betreut. Doch nach seinen Beobachtungen schienen sie ständig von Wachschutzleuten begleitet zu sein. Alles sprach für Arnsdorf, auch wenn es das eigene Nest war.

In Bischofswerda startet Heinz-Otto seinen Dreißigkilometerlauf nach Arnsdorf. Es beginnt zu schneien, als er den Rammenauer Weg verlässt und querfeldein die Richtung nach Frankental einschlägt. Der Winter hat sich mit seinem Einzug offenbar beeilt in diesem Jahr, wenn er schon in der ersten Novemberhälfte derart ungeduldig auf sich aufmerksam macht.

Es ist spürbar kälter geworden und der Schneefall nimmt zu. Doch es läuft sich gut, wenigstens auf den Wegen. In Arnsdorf ist auf den Straßen der breitgefahrene Schnee aufgefroren, sie haben sich in spiegelglatte Rutschbahnen verwandelt.

Heinz-Otto liegt gut in der Zeit, auch den Wettergott hat er heute auf seiner Seite, denn die Polizeiautos dürften bei der Glätte ihre Probleme haben. Radeberg ist zwar nicht weit, aber unter zwanzig Minuten werden sie es auf diesen Schlittschuhbahnen garantiert nicht schaffen. Das bedeutet, er muss spätestens eine Viertelstunde nach seinem Abgang aus der Bank von der Radeberger Straße herunter sein, eigentlich ein Kinderspiel.

Arnsdorf wirkt weihnachtlich, die Leute können einfach nicht früh genug ihre Gartenfichten in Lichterbäume verwandeln und die Schwibbbögen in die Fenster stellen. Im nahen Stadion trainieren die Fußballer bei Flutlicht. Heinz Otto fühlt sich heute kurz vor seinem Auftritt anders als sonst.

Obwohl Bierbüchsen und Kornflasche leer sind, ist er spürbar aufgeregt. Immer wieder die bohrende Frage, welche der Kassendamen heute wohl Dienst haben wird. Von außen ist das nicht auszumachen, er muss sich überraschen lassen. Hoffentlich nicht Frau Schuster, die Anne-Kathrin, die aber immer nur mit Anne von ihren Bekannten angesprochen wird.

Anne ist eine überaus freundliche, sympathische Frau, sie kann aber auch ganz schön couragiert sein. Ganz in der Nähe der Sparkasse tobt ein Grüppchen größerer Kinder oder Jugendlicher im Neuschnee herum. Sie bewerfen sich gegenseitig mit Bällen und Fladen der weißen Masse, andere rutschen auf dem Hintern einen kurzen Hang hinab.

Heinz-Otto kostet es heute deutlich mehr Überwindung als bisher, die Sparkassentür schwungvoll aufzustoßen, nachdem er sich die Maske übergestülpt hat. Sein erster Blick gilt der Frau hinter dem Schalter. Er hat es geahnt, Anne-Kathrin! Zu allem Übel sind auch noch Kunden im Kassenraum. Zum Glück ist kein Bekannter darunter.

Er weiß nicht, wie lange er mitten im Raum regungslos stehen bleibt, vielleicht sind es nur Bruchteile von Sekunden, doch ihm kommt es länger, viel länger vor. Du kannst nicht mehr zurück! schreit es in ihm. Mit hämmernden Schläfen tritt er an Annes Schalter. Er versucht, seine Stimme zu verstellen, die dadurch weniger forsch, aber auch etwas brüchig klingt.

Anne glaubt noch niemals derart erschrocken zu sein. Doch der Schreck verkehrt sich allmählich in Neugier. Während sie in den Schüben die Geldbündel zusammenklaubt und in den Beutel wirft, beobachtet sie den Maskierten so unauffällig es geht.

Irgendwie unsicher kommt er ihr vor, gar nicht wie ein brutaler Gangster. Es sieht eher aus, als hätte er in diesem Moment mehr Angst als sie, auch wenn er schon zum zweiten Male betont lässig die Pistole in die Richtung der Kunden schwenkt. Wahrscheinlich ist sie nicht einmal geladen.

Das Unangenehmste an dem Mann ist seine gewaltige Schnapsfahne, in die er sie einhüllt. Dass der überhaupt noch gerade stehen kann, wundert sich Anne. Aber sie darf nichts riskieren. Vielleicht ist er als wandelnde Cognacflasche wirklich unberechenbar. Erst als er zum Ausgang stürzt, kann sie den Alarmknopf drücken.

Für Heinz-Otto waren das die bangesten zwei Minuten seines Lebens. Ihm war nicht entgangen, dass Anne-Kathrin ihn eingehend musterte. Ob sie ihn erkannt hat? Nur schnell weg!

Zu schnell, die eben durchstandenen Ängste haben seine Erinnerung an die Straßenglätte gelöscht. Die Beine zieht es ihm nach hinten weg, nur eine schnelle seitliche Drehung rettet ihn vor einer kompletten Bauchlandung. Im Nu ist er wieder in der Senkrechten.

Die immer noch tobenden Kinder scheinen seine artistische Einlage auch nicht mitbekommen zu haben, sonst würden sie seiner Lachnummer jetzt garantiert Beifall spenden. Nur die ersten Schritte sind etwas schmerzhaft in der Beckengegend.

Der Sicht der Kinder entgangen, legt er durch die Neubausiedlung einen Schritt zu. An der Tankstelle überquert er im Schlenderschritt die Straße und gönnt sich hinter dem letzten Haus eine kleine Pause.

Die zwanzig Minuten, die er der Polizei von Radeberg aus gab, sind um, aber noch kein Blaulicht. Er wird auf sie warten. Es dauert noch weitere fünf Minuten, bis ihr Tatü-Tata seine Ohren erreicht.

„Wird ja auch Zeit, meine Herren!“, sagt er laut. Ganz locker wird er jetzt die knapp dreißig Kilometer wieder nach Bischofswerda zukkeln.

Hat er die Maske eigentlich noch in der Anzugtasche oder schon in den Beutel gesteckt? Die Tasche ist leer. Hektisch wühlt er im Beutel herum, die Maske ist weg! Er wird sie doch nicht..., kein Zweifel, er kann sie nur bei seinem Sturz verloren haben. Dann liegt sie direkt vor der Sparkasse.

Heinz-Otto kann nicht sehen, dass er grün und grau auf einmal im Gesicht wird. Wenn sie die Maske haben, dann jagen sie so schnell wie möglich die Hunde in seine Spur, begreift er wie vom Donner gerührt. Er kann nur hoffen, dass es eine Weile dauert, bis sie die Tiere vor Ort haben. Er muss sich schonungslos genügend Vorsprung verschaffen.

Was Beine und Lunge nur hergeben können, hetzt er durch den Masseneiwald ostwärts.

Er kann nicht wissen, dass seine Hatz völlig unnötig ist. Ein Passant hatte die Maske für eine gewöhnliche Wollmütze gehalten, aufgehoben und ein Stück weiter auf eine Zaunstakete gehängt. Die Polizei wusste nichts von einer Maske.

Mehr als froh ist Heinz-Otto, als vor ihm endlich die Lichter von Bischofswerda auftauchen. Das hellerleuchtete Krankenhaus wirft eine gigantische Lichtwolke weit über die verschneite Landschaft.

Jetzt ist er sich sicher, dass sie nicht mit Hunden hinter ihm her sind. Nun kann er seinen Beutelinhalt genauer in Augenschein nehmen, das durch den Neuschnee reflektierte Krankenhauslicht sorgt für ausreichende Helligkeit.

Er stutzt, ein Päckchen fühlt sich eigenartig an. Heinz-Otto untersucht es direkt über der Schneeoberfläche, wo es am hellsten ist.

Die ersten Scheine lassen sich leicht abheben, die darunter nicht mehr. Rennt er etwa schon einige Stunden mit einer Farbbombe durch die Gegend? Möglich schon, Anne konnte sie ihm untergeschoben haben, während er sich nach den Kunden im Kassenraum umgesehen hatte.

Warum hatte er nicht schon in Arnsdorf den Beutelinhalt inspiziert, als er auf das Polizeiauto wartete, Zeit hätte er genügend dafür gehabt. Wutschnaufend schleudert er das Päckchen wie einen Schwebedeckel im hohen Bogen über das Feld.

Keine Reaktion beim Aufschlag, auch der Schnee um das Bündel bleibt weiß. Keine Farbbombe? Was denn, doch nicht etwa ein Peilsender? Gute Nacht! Dann war das Empfangskommitee in Bischofswerda schon angetreten. So ein Pech auch, ein reichlicher Kilometer wäre es noch bis zu seinem Auto gewesen.

Ein gliederlähmender Schreck durchfährt ihn plötzlich. Wenn das ein Peilsender ist, haben sie ihn vielleicht schon im Visier. Mit jedem noch so gewöhnlichen Feldstecher ist er von den oberen Krankenhausfenstern aus auf der blütenweißen hellen Schneefläche ganz leicht auszumachen!

Nun aber schnell aus der Schusslinie und von dem Sender weg! Sie werden von hier aus seine Spuren im Schnee verfolgen. Also schön brav erst einmal wenigstens die zweihundert Meter bis hinter den Hang exakt in der Spur im Rückwärtsgang. Der Zeitaufwand dafür wird sich auszahlen! Er kann nur in Richtung Geißmannsdorf ausweichen, eine Tempohatz über offenes Gelände.

Unbehelligt erreicht er Pickau und am Neubaugebiet an der Sonderschule den Stadtrand von der anderen Seite. Nirgends Polizei. Vorsichtig späht er auf dem Parkplatz nach seinem Auto. Es steht geduldig auf seinem Fleck; die Umgebung ist menschenleer.

Auf der Heimfahrt berichtete Sachsenradio vom Sparkassenüberfall in Arnsdorf. Etwas über zehntausend Mark hatte der Täter erbeutet. Das ersparte Heinz-Otto das genaue Zählen. Eine Täterbeschreibung folgte, die Fluchtrichtung war nicht bekannt.

Also doch kein Peilsender, wie konnte er nur so leicht durchdrehen, bloß weil ein paar Scheine nicht gleich aus dem Päckchen wollten!

Das Päckchen würde er sich noch holen! Als er nach drei Tagen auf das Feld kam, hatte sich eine Kleinigkeit verändert. Den ganzen Acker überzog eine nahezu geschlossene Mistdecke, die bei dem Frost knochenhart durchgefroren war.

Eine Stecknadel selbst im allergrößten Heuhaufen zu finden, wäre einfacher gewesen.

Unfreudiges Jubiläum

Unschlüssig wälzte Heinz-Otto wieder einmal die Seiten im Autoatlas um. Eigentlich hätte er Grund zum Feiern gehabt, eine Art Jubiläum stand an. Vor wenigen Tagen hatte er in Lauta seinen zwanzigsten Kassenbruch hinter sich gebracht. Doch ihm war nach allem anderen als nach Feiern zu Mute. Das Geld rann zwischen den Fingern weg. Ein paar Mal schon hätte er im Trocknen gesessen, wären ihm nicht einige Zehntausender beim Zocken durch die Lappen gegangen.

Machte er sich nicht selbst etwas vor, wenn er seine Spielleidenschaft bestritt? Nur der Not gehorchend hätte er versucht, zusätzlichen Gewinn zu machen? Zog es ihn nicht förmlich nach Dresden, wenn er wieder ein paar größere Packen in der Tasche hatte? Doch das war sicher nicht das Einzige, was er falsch machte. Irgendwann musste doch auch mal etwas übrig bleiben!

Er konnte das Geld einfach nicht halten. Aus dem Teufelskreis von Banküberfällen und roten Zahlen in den Kontoauszügen wie am Fließband kam er wohl nie wieder heraus.

Es wurde immer schwieriger, geeignete Ziele für seine Überfälle zu finden.

In Lauta hatte er versucht, sich mit Karte und Kompass durch unbekanntes Gelände zu schlagen. Der Überfall selbst war ein Klacks, nicht einmal die Kunden im Schalterraum schienen etwas davon bemerkt zu haben. Doch auf der Flucht hatte er sich im Dunklen so verfranzt, dass er nicht mehr wusste, wo er sich eigentlich befand.

Dabei war anhand der Karte alles generalstabsmäßig bis ins Detail gründlich vorbereitet. Es war auch alles im Lot, bis er feststellen musste, dass die Landbrücke zwischen zwei Seen nur auf seiner Karte existierte.

In der Wirklichkeit waren die Gewässer am Ende wie die beiden Körbchen eines Büstenhalters durch einen Steg auf zweihundert Metern Breite miteinander verbunden.

Durchschwimmen bei Temperaturen um den Gefrierpunkt und danach noch zwanzig Kilometer in der nassen Kleidung laufen? Unmöglich war das für Heinz-Otto nicht. Er paddelte mehr oder weniger regelmäßig das ganze Jahr über in Freilandgewässern herum, bis die Eisdecke es verhinderte. Doch wenn es nicht unbedingt sein musste, ließ er das diesmal gern ausfallen.

Nach langem Rückweg landete er in einem uralten Laterittagebau der Lautawerke, den sicher schon seit Jahrzehnten kein Mensch mehr betreten hatte. Vor der Polizei war er dort sicher wie nirgends sonst, doch drei Gegner hinderten ihn energisch am Weiterkommen.

Am einfachsten war mit der blau abgeblendeten Taschenlampe noch der Dunkelheit beizukommen. Aber der Boden, ein weicher, rotbrauner klebriger Kitt ballte sich ständig zu riesigen Batzen an den Schuhsohlen. Zäh wie Hundedreck klebte das Zeug am Leder, kaum abzukriegen.

Es ist nur schwer vorstellbar, dass unter Hitler aus dieser widerlichen Schmiere ganze Flugzeuge gebaut werden konnten, zumindest ihre Aluminiumaußenhaut. Aber es muss funktioniert haben, sonst hätten die geizigen Engländer ihre kostbaren Bomben nicht so oft über den Lautawerken ausgeklinkt.

Nicht weniger als die zähe Pampe bremste der Urwald in den Löchern und auf den Halden seinen Vorwärtsdrang. Massenhaft umgestürzte Bäume und herabgebrochene Äste zwangen ihn mit den klobigen Dreckbatzen unter den Füßen immer wieder zu artistischen Höchstleistungen. Ständig schlug ihm dabei das schwuppige Unterholz um die Ohren.

Stundenlang kämpfte er sich Stück für Stück durch den Dschungel. Wo würde er wohl ankommen? Zu seiner eigenen Überraschung kam er verdreckt und zerschunden an der Bahnlinie bei Hosena heraus.

Mit dem Zug war er dann früh um sechs nach Hoyerswerda gefahren, anschließend mit einem Taxi zurück nach Bernsdorf zu seinem Auto, immer noch reichlich rote Schmiere an den Schuhen, die er vor dem Fahrer krampfhaft zu verbergen suchte. Bei nur acht Kilometern Entfernung zwischen Bernsdorf und Lauta hatte er insgesamt reichlich vierzig zurückgelegt und war zweiundzwanzig Stunden ununterbrochen auf den Beinen. Auf unbekanntes Gelände wollte er sich bei seinen Beutezügen nie mehr einlassen.

Flucht aus Jerichow

Noch immer blätterte Heinz-Otto im Atlas herum und suchte nach einem neuen günstigen Überfallort. Schon das dritte Bier hatte er sich eingegossen, doch die Erleuchtung blieb aus. Auch die leise Musik im Hintergrund half ihm nicht auf die Sprünge. Er kam von der Gegend westlich von Brandenburg zwischen Havel und Elbe, in der er den größten Teil seiner Armeezeit verbracht hatte, nicht los. Ein waldreicher Flecken, das Grün überwog auf der Karte.

Genthin kam ihm darin wie die schwarze Mitte einer Zielscheibe vor. Ein leicht gebogener Quersprung zog sich durch die Mitte der ganzen Scheibe, der sie in eine obere und eine untere Hälfte teilte, der Elbe-Havel-Kanal.

Das war ein Sprung, den er nicht übersehen durfte. Auf den dreißig Kilometern zwischen Neudeben in der Elbniederung und Wusterwitz gab es nur die drei Stadtbrücken in Genthin über den Kanal und noch eine über den Seitenarm östlich der Stadt.

Dieses Nadelöhr wurde von der Polizei sofort dicht gemacht, wenn sie einen in dieser Gegend suchten. Da sie garantiert nicht damit rechneten, dass ein Bankräuber solche Strecken laufend bewältigt, durfte er sicher sein, dass die Belagerung längst aufgehoben war, wenn er ankam. Falls sie es doch vermuteten, unterschätzten sie bestimmt sein Lauftempo und riegelten die Brücken zu spät ab.

Trotzdem musste er einkalkulieren, dass ihm notfalls nichts anderes übrig blieb, als sich auch bei den gegenwärtigen Temperaturen um den Gefrierpunkt durch den zweihundert Meter breiten Kanal oder den fünfzig Meter breiten Seitenarm schwimmend auf die andere Seite zu retten.

Fünf Überfälle standen rund um Genthin nunmehr schon zu Buche. Die Erinnerungen daran waren überwiegend keine allzuguten, doch durch den Kanal schwimmen musste er bisher noch nicht. Er hatte keine bessere Idee, als von Genthin aus zu starten. Nach Ziesar waren es von dort achtzehn, nach Jerichow zwölf Kilometer Luftlinie. Endgültig entscheiden konnte er sich, wenn er dort war.

Zur Mittagszeit erreicht Heinz-Otto Genthin. Er hat sich für Jerichow entschieden.

Die Mauern des biblischen Namensvorbildes mussten durch Posaunen zum Einsturz gebracht werden, um hineinzukommen, hat er irgendwann einmal gehört. Das müssen ja grauenhafte Töne gewesen sein!

Das offenbar von Slawen gegründete Städtchen, das er ansteuert, umgibt keine Mauer. Für ihn ist wichtig, dass er möglichst schnell und ungehindert aus dem Weiler wieder herauskommt. Noch ist er der über jeden Verdacht erhabene Normalbürger Heinz-Otto Hermann, auf den an der Kanalbrücke keine Gefahren lauern. Er kann auf ihr ohne erhöhten Puls im Wanderschritt den Seitenarm überqueren.

Über Roßdorf trabt er parallel zur Straße durch den Wald nach Redekin. Er hat sich verschätzt, drei Stunden sind schon draufgegangen, die Zeit könnte knapp werden.

Nur eine halbe Stunde nach seiner Ankunft am Redekiner Bahnhof fährt ein Zug nach Jerichow, er entschließt sich, den rollenden Laufweg zu benutzen. Zeit genug für die erste Dopingeinheit, ein Radeberger Pils. Als er die leere Büchse in den Abfallkasten wirft, fällt sein Blick auf das nackte linke Handgelenk. Ein leichter Schreck, die Kompassuhr fehlt. Hat er sie verloren oder im Auto liegen lassen? Mehr als ärgerlich, gerade auf dieser Strecke würde er im Dunkeln auf die Himmelsrichtung angewiesen sein. Hoffentlich die einzige Panne heute! Aber hieß es nicht immer: Ein Unglück kommt selten allein?

In Jerichow war er Jahre nicht mehr gewesen, es konnte sich einiges verändert haben. Die Pleite von Ziesar kommt ihm ein. Da hatte doch irgend so ein Türke seine Dönerbude ausgerechnet gegenüber der Sparkasse aufgestellt.

Der Türke hinter der Theke war gar nicht irgendeiner, sondern ein Bekannter. Herr Üsal war mit seinem Geschäft von Bischofswerda dreihundert Kilometer nordwärts gezogen. Das Bremskreischen des Zuges unterbricht seine Gedanken: Jerichow!

Der erste Rundgang durch das Städtchen beruhigt ihn. Neues gibt es wenig, die alten roten Backsteinbauten prägen noch immer das Bild.

Auch die Sparkasse steckt wie früher in so einer Ziegelscheune. Keine Dönerbude und keine Bekannten sind zu sehen. Mit Jerichow, stellt er fest, hat er einen strategischen Volltreffer gelandet. Die Sparkasse neben dem Bahnhof liegt direkt am Ortsausgang, also große Chancen, ungesehen zu entkommen.

Hundert Meter entfernt steht auf der Anhöhe gegenüber eine alte Windmühle, von dort oben kann er das Treiben um die Kasse bequem und unauffällig beobachten. Wenig Betrieb, nichts Besonderes oder Beunruhigendes.

Gemütlich läuft er den geplanten Fluchtweg bis zum Waldrand und wieder zurück. Um sechzehn Strichlein ist der Minutenzeiger der Bahnhofsuhr währenddessen weitergehüpft. Wenn er Tempo macht, kann ihn schon nach fünf Minuten der dann schon fast dunkle Wald geschluckt haben.

Noch ist viel Zeit, Heinz-Otto schlendert in ihn zurück, um an einem geeigneten Plätzchen ungestört seinen Alkoholspiegel hochzuschaukeln. Zwei Büchsen Radeberger und Korn bis an den unteren Rand des Flaschenetiketts gehen drauf. Die letzte Büchse und den Kornrest trinkt er an der Mühle aus. Dabei kommt ihm eigenartig vor, dass mehrmals schwarze Autos auffallend langsam durch die Straße vor der Sparkasse rollen. Hat das etwas zu bedeuten?

„Bleibe ruhig, Heinz-Otto, vielleicht siehst du nur Gespenster!", beschwichtigt er sich laut selbst.

Zehn vor sechs, es ist so weit! Kein Mensch zeigt sich vor der Sparkasse, während er von der Mühle heruntersteigt. Ohne anzuhalten oder sich umzusehen marschiert er über die Straße auf die Eingangstür los, stülpt sich drei Meter vor ihr im Gehen die Maske über den Kopf und stoppt seinen Lauf erst vor dem Kassenschalter.

Die Kassiererin ist mutterseelenallein im Raum. Sie schrickt zusammen, ein kurzes „Huch!" entweicht ihrem Mund, als der Rotmaskierte so urplötzlich vor ihr steht. Ohne aufzusehen rafft sie ihr ganzes Geld zusammen und verstaut es im durchgereichten Beutel. Besonders viel ist es nicht, signalisiert ihm das Beutelgewicht. Die große Masse liegt sicher im hinteren Raum, die Tür hat sogar auch außen eine Klinke. Doch irgendetwas Unbestimmtes hält ihn davon ab, dort nachzuschauen, auch wenn die Frau allein ist.

Die schwarzen Autos? Es können durchaus Wachdienste in der Nähe sein. Das Risiko ist zu groß, besser mit dem wenigen ungeschoren davonkommen, sagt er sich.

Er bedankt sich höflich, geht im Normalschritt über die Straße und nimmt den kürzesten Weg zur Mühle. Hechtrolle über einen Gartenzaun, quer über Gartenbeete im Winterschlaf, noch über einen Zaun und er ist oben. Sicher sind keine fünf Minuten vergangen, bis er in den schützenden Wald eintauchen kann. Erst eine ganze Weile später ertönen die Signale des Polizeiaufmarsches.

Eine Stunde ist er bestimmt schon unterwegs, als Motorengeräusche hinter ihm hörbar werden. Lichtkegel wandern durch den Wald hinter ihm. Mehrere Autos rollen ganz langsam rechts auf dem Waldweg entlang in seine Fluchtrichtung, Suchscheinwerfer tasten die Umgebung ab. Flach auf dem Boden liegend beobachtet er die Fahrzeuge.

Dass es die Wachdienstautos von vorher sind, kann er nur vermuten. Er sollte die Wege meiden, nicht ausgeschlossen, dass sie zurückkommen würden.

Unwegsames Gelände zwingt ihn, oft nach links oder rechts auszuweichen, zu oft, er kann nur hoffen, dass er die Richtung auch ohne Kompass einigermaßen gehalten hat. Drei Stunden dürfte er gelaufen sein, als ein eigenartiges Lärmen an seine Ohren dringt, ein Gemisch aus Schnattern und Schreien. Eine ziemlich große Gänseherde, vermutet er. Aber wie soll die hier herkommen? Hier gibt es doch gar kein größeres Gewässer! Oder sollte ich etwa gar? Heinz-Otto stürmt auf den Lärm zu, um sich zu vergewissern.

Als er aus dem Wald tritt, trifft ihn fast der Schlag. Es ist tatsächlich die Elbe, auf der das Federvieh herumspektakelt. Wenigstens um fünfundvierzig Grad hat er sich in der Richtung geirrt. Musste er gerade heute den Kompass im Auto liegen lassen!

Die Elbe fließt zwischen Neudeben und Tangermünde fast genau nordwärts. So kann er wenigstens die Südostrichtung ausmachen, die er einschlagen muss, um sich an Straße und Bahnlinie zwischen Jerichow und Genthin wieder orientieren zu können. Am Holzverarbeitungswerk von Redekin kommt er dort an.

Endlich weiß er wieder, wo er eigentlich ist. Das bedeutet, vier Kilometer über freies Gelände mit vielen breiten Wassergräben, die er umgehen oder durchwaten muss, bevor er wieder den Wald erreicht. Die beginnende Dämmerung sagt ihm, dass er jetzt mindestens dreizehn Stunden unterwegs ist.

In der Ferne ist ein Dorf erkennbar. Das könnte Roßdorf sein, dann wäre es ja fast geschafft! Erst an der Dorfkante erkennt Heinz-Otto, dass er in Klein-Wusterwitz gelandet ist. Diesmal hat es ihn zu weit nach Osten abgetrieben, wenigstens acht Kilometer mehr heißt das.

Die Straße meidet er, versucht sie aber immer im Blickfeld zu behalten. Schneegrieseln setzt ein, die Temperatur muss nahe am Gefrierpunkt liegen. Roßdorf kommt in Sicht, er nähert sich dem gefährlichen Nadelöhr, der Brücke über den Seitenarm des Elbe-Havel-Kanales, die er gestern Mittag noch sorglos überqueren konnte.

Jetzt weiß er nicht, was ihn an der Brücke erwartet. So verscharrt er vorsichtshalber den Beutel mit Pistole, Maske und Geld, dazu auch seine oberste Kleidungsschicht an einer ziemlich wilden Müllkippe und verwandelt sich damit in einen morgendlichen Freizeitläufer.

Zu seinem Entsetzen muss er aus zweihundertfünfzig Metern Entfernung zusehen, wie zwei Polizeiautos mit Sondersignal aufkreuzen und beidseitig die Brücke besetzen. Wer zu spät kommt,...!

Aber so eine Scheiße! Klar, es ist mindestens acht Uhr, ganze sieben Stunden früher wollte er hier sein. Ein Glück, dass er die Sachen verbuddelt hat, denn heute ist unausweichlich Badetag angesagt, bei einer Wassertemperatur um fünf Grad: Schuhe aus, Schnürsenkel verknotet, Schuhe um den Hals gehängt und ab ins kühle Nass!

Nur weil er von der Strömung leicht abgetrieben wird, kann Heinz-Otto in der Mitte des Gewässers wahrnehmen, dass ein Jeep an seinem Startufer auftaucht, der sich exakt auf seiner Höhe hält. Als er das andere Ufer erreicht, bleibt der Jeep genau ihm gegenüber stehen.

Heinz-Otto hält sich an den Ästen eines Baumes fest, die ins Wasser ragen, nur den Kopf behält er über der Oberfläche. „So ein Idiot auch! Kann der nicht weiterfahren?“ Sicher sieht ihn der Fahrer, ist ja auch nur fünfzig Meter weit weg.

Soll er sich tot stellen? Dann würde der Blödmann erst recht Alarm schlagen. Nur fort! Mit einem Zug ist er aus dem Wasser, verschwindet kopfüber hinter dem Böschungshügel und zieht sich in Rekordzeit die Schuhe an. Was das Zeug hält, stürmt er vorwärts.

In einem Dreiseithof versperrt ihm die Querscheune den Weg. Der Lichtschimmer sagt ihm, dass an der Rückseite eine Tür offen sein muss. In vollem Tempo sprintet er über die Scheunentenne, dahinter durch einen Garten und über einen Zaun auf die Dorfstraße. Nur weg von Roßdorf! Er läuft gegen die Zeit, bald werden sie hier alles absuchen.

Er muss es noch schaffen, den zweihundert Meter breiten Hauptkanal zu durchschwimmen. Nur so kann er sich vielleicht noch retten. Er hält auf ihn zu, was die Beine hergeben, einen Kilometer durch Wald und dann ohne sich umzuschauen über die Bundesstraße Nummer eins Genthin-Brandenburg.

Bei seinem letzten Schritt vor der Straße sieht er ein Polizeiauto über die sechshundert Meter entfernte Kreuzung schießen. Er weiß nicht, ob sie ihn gesehen haben.

Zum Schuheausziehen bleibt keine Zeit, aus vollem Lauf hechtet er in den Kanal. die Strömung treibt ihn wieder leicht ab, doch er kommt problemlos auf der anderen Seite aus dem Wasser und verkrümelt sich erst einmal in ein nahe gelegenes Waldstück.

Eine Verschnaufpause muss ausfallen, obwohl er sich ziemlich sicher ist, dass ihn bei seiner zweiten Badekur keiner gesehen hat und sie ihn deshalb auf der anderen Kanalseite suchen werden.

Endlich ist er dort, wo er schon seit vielen Stunden hin wollte, nur auf einem anderen, kürzeren und weniger beschwerlichen Wege.

Niemand beachtet sonderlich den Freizeitläufer auf dem letzten Kilometer etwas abseits der Straße. In der Stadt sieht es nicht danach aus, als wäre eine Polizeiaktion im Gange.

Am Auto ist sein Trainingsanzug fast trocken, nur die Schuhe geben immer noch eklig patschige Töne von sich.

Da liegt auch seine so sehr entbehrte Uhr auf der Ablage. Zweiunddreißig Stunden ist er jetzt unterwegs, und das Geld wartet noch immer auf der Müllkippe in Roßdorf.

Über die Brücke zu fahren, wagt er nicht. Auf einer Riesenschleife von fast siebzig Kilometern pirscht er sich über Rogäsen, Wusterwitz und Nitzahn von der anderen Seite an die Roßdorfer Müllkippe heran.

Auf den ersten Kilometern der Heimfahrt war Heinz-Otto nur noch stolz auf sich, auf seinen Geist wie auf seinen Körper. Die Verfolger in so einer aussichtslosen Situation im wahrsten Sinne des Wortes derart eiskalt abzuschütteln, das sollte ihm erst mal einer nachmachen! Unglaublich, was so ein menschlicher Körper ertragen und leisten kann!

Nach und nach wurde ihm klar, dass die Strapazen, die er gerade hinter sich hatte, wesentlich größer waren als die in seinem Kampf gegen die Finsternis, den klebrigen Laterit und den schwer durchdringlichen Urwald in den Lehmlöchern bei Lauta. Und dort hatte er das Vierfache erbeutet.

Zum ersten Mal, seit er Sparkassen überfiel, stellte sich Heinz-Otto ernsthaft die Frage, ob sich dieser Einsatz unter ständiger Hatz und Angst überhaupt lohnte. Fast vierzig Stunden ohne Schlaf lagen hinter ihm.

Er rechnete sich den Stundenlohn aus. Immerhin waren es hundertfünfundzwanzig Mark.

Wofür eigentlich?

Seit einem Jahr trat er trotz höchstem Einsatzes auf der Stelle. Nichts hatte sich geändert. Er kam sich vor, wie ein angeschlagener, gehetzter Goldhamster im Laufrad, der nie ans Ziel kommen konnte.

Die fünf erbeuteten Riesen würden wie immer nur ein Tropfen auf den heißen Stein sein. Dann fing alles wieder von vorn an.

Rotkäppchens letzter Auftritt

Heinz-Otto hatte inzwischen als Bankräuber „Rotkäppchen" zumindest zwischen der Müritz und dem Lausitzer Bergland eine Popularität erlangt, von der mancher Filmstar nur träumen konnte.

Vor allem in den Dörfern und Städten, wo er mit Maske und Pistole aufgetaucht war, hatte er für unerschöpflichen Gesprächsstoff gesorgt. Dort dachten sogar manche Kinder bei dem Namen eher an den Rotmaskierten mit dem Schießeisen als an das kleine Mädchen mit der roten Samtkappe, dem Korb und dem Blumenstrauß.

In einem reichlichen Jahr hatte er fast dreißig Überfälle inszeniert, mit fast konstanter Regelmäßigkeit aller vierzehn Tage einen. Nie war er dabei oder danach zu greifen gewesen. Das verlieh ihm bei manchen Leuten den Hauch eines modernen Robin Hood, andere sprachen vom Karasek des zwanzigsten Jahrhunderts.

Deshalb wurden die Radiomeldungen am Morgen des letzten Aprilfreitags, dass der seit über einem Jahr gesuchte Bankräuber in Weißwasser gefasst worden sei, mit einiger Überraschung aufgenommen.

Heinz-Otto ahnt nicht im Geringsten, als er von Bischofwerda über die Dörfer nach Spremberg fährt, dass er zu seinem letzten Sparkassenbesuch unterwegs ist.

Es kann gar nichts schief gehen. Der Fluchtweg von Weißwasser nach Spremberg verläuft fast ausschließlich durch den Wald und die Strecke ist mit einmaligen Orientierungshilfen ausgestattet. Von jeder Lichtung aus sieht man die Kühltürme des Kraftwerkes Boxberg und die Schornsteine der Schwarzen Pumpe. Er braucht nur so zu laufen, dass er die Schlote immer leicht links vor sich hat. Und Sparkassen gibt es in Weißwasser einige, er hat auch genügend Zeit, sich die günstigste auszusuchen.

Wäre er abergläubisch, müsste ihm auffallen, dass diesmal schon auf dem Hinwege einiges schief läuft. Kurz vor Schleife kann er einem Waldweg-Arbeitstrupp von etwa fünfzehn Leuten, meist Frauen, nicht mehr ausweichen, ohne sich verdächtig zu machen. Es bleibt ihm nur die gute Miene zum bösen Spiel, durch das Menschenspalier zu laufen und sich dabei neugierig mustern zu lassen. Wenn die ihn beschreiben, fehlt weder die Augenfarbe noch der letzte Hosenknopf, resümiert er ärgerlich. Kaum ist er der Sicht der Leute entronnen, scheppert es neben ihm.

Der Beutelboden ist aufgerissen, Bierbüchsen, Brotdose, Kornflasche und Pistole purzeln durcheinander auf den Waldweg. „So ein Mist heute!", flucht er halblaut. Ein Knoten im unteren Teil macht den Beutel wieder dicht, aber auch kleiner. Die Pistole kommt in die Hosentasche, die Maske in den Bund.

Erst nachdem er seinen Ärger mit einigen kräftigen Zügen aus Büchse und Flasche gründlich heruntergespült hat, sieht die Welt wieder etwas freundlicher aus.

Dass er an diesem herrlichen Frühlingstag einem Wanderer und einem Radler begegnet, war nur normal. Erst später macht ihn stutzig, dass beide in dem Waldstück auftauchten, das eigentlich Sperrgebiet ist.

In Schleife verwirft er die plötzliche Idee, es gleich dort bei der Raiffeisenbank zu versuchen. In Weißwasser, glaubt er, sei mehr zu holen.

In der Stadt unternimmt Heinz-Otto eine ausgedehnte Wanderung, um die für seine Flucht am günstigsten gelegene Sparkasse ausfindig zu machen. Die am Bahnhof scheidet aus, viel zu langer Weg durch die Straßen. Von der Hauptsparkasse sind es nur sechshundert Meter bis zum Wald, dorthin will er in Schlangenlinien um die Neubaublocks laufen.

Zehn vor sechs, seine Zeit ist wieder einmal ran! Alles läuft wie schon immer. Die beiden Kassendamen erschrecken natürlich, doch er hat den Eindruck, dass sie sich von ihm nicht bedingungslos einschüchtern lassen.

Stur und steif behaupten beide, es sei kein Geld in den Schüben. „Na und? Um sechs geht der Tresor ohnehin automatisch auf!", herrscht er die beiden an.

„Wenn sie solange warten wollen", antwortet ihm die Ältere ziemlich gelassen und fast höflich. Heinz-Otto wird unsicher, mit Widerstand hat er nicht gerechnet. Zu lange, viel zu lange schon, warnt ihn sein Zeitgefühl! Wäre jetzt nicht der Abgang auch ohne Geld das Bessere? Doch da fangen die beiden Frauen an, Geld aus den Schüben zu kramen und in seine Tüte zu füllen.

„Beeilung!" Dabei fuchtelt er wild und ziellos mit seinem Schießeisen in der Gegend herum.

„Sie müssen hinten raus! Die Vordertür ist schon zu," ruft ihm eine der beiden zu, als er zum Ausgang stürzt.

Heinz-Otto wendet, stürmt durch die klobige Hintertür, glaubt auf eine Straße zu kommen, landet aber in einem Betonschacht. Ringsum mindestens fünf Meter hohe Mauern, eine breite, steile Auffahrt auf die Straße.

Wie konnte er diese Hinterhoffalle bei seinen Erkundungen so leichsinnig übersehen?! Er hastet die Steigung hinauf, am Ausgang stehen zwei Polizisten mit gezogener Waffe. Einer kommt auf ihn zu. „Polizei! Werfen sie die Waffe weg! Hinlegen!"

Seine Waffe ist längst im Beutel, sein Kopf ein Gedankenkarussell, das immer wieder nur das Wort „Flucht!" von sich gibt.

Aber er liegt auf dem Bauch und folgt dem Befehl „Hände auf den Rücken, Handflächen nach oben!" Klick -klick macht es, er verspürt nichts an den Handgelenken, er hört es nur.

„Wo ist ihr zweiter Mann?" - „Es gibt keinen, und es hat auch niemand etwas davon gewusst." Ziemlich energisch wird Heinz-Otto zum Polizeiwagen befördert.

„Wenn ich weggelaufen wäre," fragt er den jüngeren der beiden Polizisten, „hätten sie geschossen?" Der zuckt mit den Schultern. „In der Aufregung vielleicht, weiß nicht. Ich habe noch nie auf einen Menschen geschossen."

Ankunft hinter Gittern

Als apathisches Häuflein Elend hockte Heinz-Otto zusammengesunken auf dem Sitz des Polizeiautos. Das Gedankenkarussell in seinem Kopf drehte sich nicht, es raste, dass alles nur so durcheinander flog. Fluchtgedankenfetzen zerrten an den Ketten seiner Depression, doch schon im nächsten Moment drückte ihn der Gedanke, dass Viola und die Töchter seine Schmach wie ein Keulenschlag treffen würde, wieder in ein tiefes seelisches Loch. Angst, nichts als Angst beherrschte plötzlich seine Psyche, ohne dass er wusste wovor.

Eine Schüttelfrostphase brachte ihn der Ohnmacht nahe. Der Schock hatte sein Zeitgefühl ausgelöscht, die Fahrt kam ihm unendlich vor.

Aufforderung zum Aussteigen. Obwohl ihm in seiner Apathie egal war, wo sie ihn hinbrachten, stutzte er, als sein Blick die Tafelaufschrift „Polizeiposten Weißwasser“ einfing. So lange unterwegs und immer noch in der Stadt?

Ein splitternackter Haftraum nahm ihn auf, links eine Pritsche mit Decke. Mechanisch ließ er sich auf der Pritsche nieder, seine Umgebung registrierte er nicht.

Nach Namen, Herkunftsort und Geburtsdatum wurde er gefragt. Das Gedankenkarussell hatte seine Tourenzahl heruntergeschraubt und lief mit kontrollierbarer Geschwindigkeit. Er sah sich allein mit einem Zivilbeamten. Sicher hatte der sich vorgestellt, als er noch geistig weggetreten war.

Kommissar, Oberkommissar, Hauptkommissar? Heinz Otto entschied sich für die Mitte.

„Herr Oberkommissar, ich beantworte ihre Fragen, wenn sie mir zusichern, einen ihrer Kollegen mit psychlogischen Fähigkeiten und Einfühlungsvermögen zu meiner Frau zu schicken. Sie weiß nichts von meinen Unternehmungen. Ich befürchte einen Schock.“

„Selbstverständlich tun wir das.“

Keine Korrektur der Anrede, die Stimme des Polizisten klang zuverlässig, warm, vielleicht sogar mitfühlend. Heinz-Otto antwortete bereitwillig.

Die Frage „Wo ist eigentlich ihr zweiter Mann abgeblieben?“, richtete ihn innerlich leicht auf.

„Es gibt keinen, es weiß auch niemand etwas von meinem Einbruch.“ Der Oberkommissar schüttelte verständnislos den Kopf.

„Sagen sie, Herr Hermann, das gehört nicht mit zum Protokoll, warum drehen sie in ihrem Alter noch so ein Ding?“

Heinz-Otto konnte in seiner primitiven Zelle nicht einschlafen. Der Seriensieger hatte nicht nur eine gewöhnliche, er hatte seine endgültige Niederlage erlitten. Was hatte er falsch gemacht? Vieles, schon der ihm bisher nie begegnete Widerstand der beiden Schalterfrauen hätte ihm verdächtig erscheinen müssen. Warum waren sie so sicher?

Natürlich, er konnte sie nie beide gleichzeitig im Auge behalten, der Alarm war längst ausgelöst!

Sein Gedanke, ohne das Geld zu türmen, wäre richtig gewesen. Stattdessen hatte er sich damit einwickeln lassen, dass die Damen doch noch etwas Geld in seinen Beutel packten.

Was war er nur für ein Vollidiot! Und die Sache mit der Hintertür? Nicht einmal überzeugt hatte er sich davon, ob die vordere auch wirklich abgeschlossen war. Voll ausgetrickst hatten ihn die beiden Damen, ihn, den Profi. Na dann Gute Nacht!

Am nächsten Morgen versetzten ihm die Radionachrichten einen lähmenden Hieb. Der als „Rotkäppchen“ bekannte Bankräuber sei gefasst worden, er käme aus der Ortschaft Spittwitz bei Bautzen.

Wenn das Viola, die Kinder oder die Nachbarn hörten! Für eine Floskel hatte er es immer gehalten, wenn einer sagte: „Mir ist richtig schlecht“. Jetzt wusste er, wie demjenigen zu Mute war.

Gleich zu Beginn des Verhörs bat er den Kommissar flehend, seine Familie und auch ihn vor der Presse zu schützen. Er wolle tun, was in seiner Macht stehe, versprach ihm der Beamte, er könne jetzt auch seinen Rechtsanwalt informieren.

Er hatte Bedenken. Würde der ihn in einer so klaren und für ihn aussichtslosen Lage überhaupt verteidigen? Doch Herr Dornig sagte zu.

Heinz-Otto war erstaunt, wie sehr man sich um ihn bemühte. Kaffee, Obst und Speisen bot man ihm an. Doch er musste außer den Kaffee dankend ablehnen, sein Magen war wie zugeschnürt. Kurz nach zehn traf der Anwalt ein.

„Haben sie mit meiner Frau gesprochen?“, überfiel ihn sein Klient.

„Nun beruhigen sie sich erst einmal, Herr Hermann! Ich komme gerade von ihr, und ich muss ihnen sagen, sie machte einen erstaunlich gefassten Eindruck auf mich.“

Die erste positive Nachricht von draußen! Gleich war ihm um einiges leichter. Der sicher aufmunternd gemeinten Bemerkung Dornigs „Ihre Kür in Königsbrück war ja wirklich ein Husarenstück, unten die Sparkasse, direkt darüber die Polizei und sie konnten trotzdem entkommen.“ konnte er im Moment nichts abgewinnen.

Nach dem Mittagessen wurden ihm Handschellen und Fußfesseln angelegt, dann ging es zum Auto, mit dem man ihn nach Görlitz vor den Haftrichter bringen wollte.

Heinz-Otto bekam Magenkrämpfe. Sicher standen schon viele Neugierige, sensationshungrige Zeitungsleute und Fotografen vor der Tür.

Seine Aufregung war umsonst, keiner wusste etwas von ihm. Der Kommissar hatte sein Versprechen gehalten.

Als sich beim Eintreten in den Vorführraum sein Blick mit dem des Haftrichters traf, war schon alles gesagt, Antipathie in höchster Potenz auf beiden Seiten. Den Anwalt zu seiner Rechten, versuchte sich Heinz-Otto im Vortrag des Richters auf den Inhalt der Anklageschrift zu konzentrieren. Es gelang ihm nicht.

Bei aller Sachlichkeit überlagerten sich Arroganz und Zynismus im Ton des Richters regelrecht provozierend.

An seiner Zwischenbemerkung „bei mir würden sie dafür wenigstens sieben Jahre bekommen"!, hatte Heinz-Otto inhaltlich nichts auszusetzen, doch der Ton verletzte ihn.

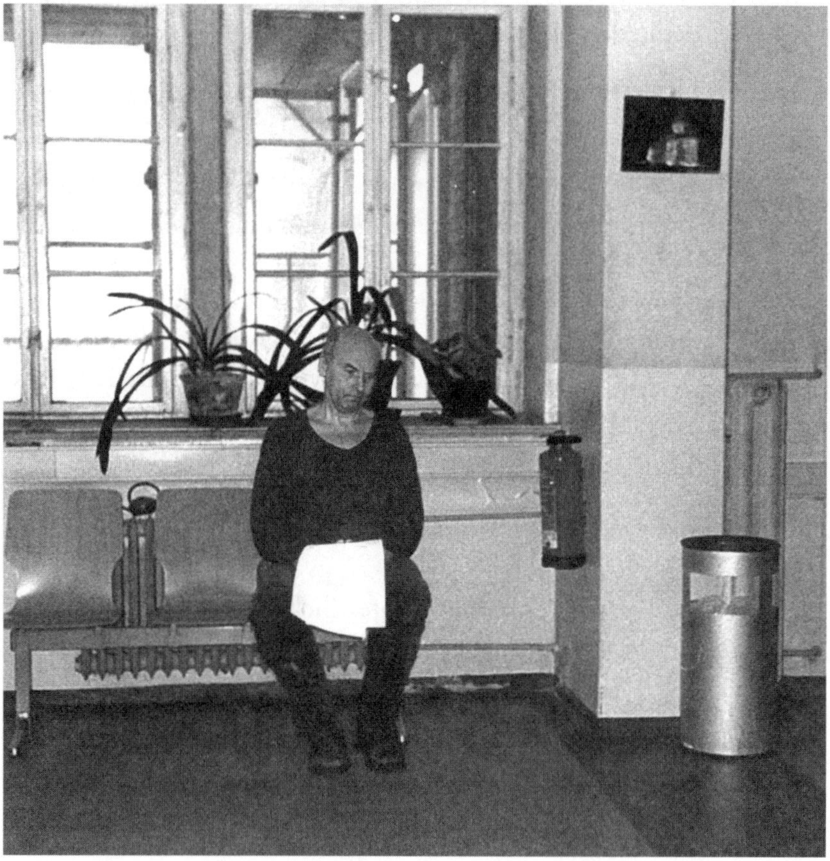

Einlieferung beim Haftrichter in Görlitz

2. Begegnung mit dem Schatten Rotkäppchens

Zum ersten Mal in seinem Leben werden dem Pfeifer Siggi Handschellen angelegt, zum ersten Mal steigt er in eine „Grüne Minna", mit der ihn zwei Polizeibeamte von Löbau nach Görlitz zum Haftrichter fahren.

Die Aluminiumfessel bedrückt Siggi hier im Auto nicht. Wenn die Polizei ordentlich arbeitete, würden sie bald herausfinden, dass man sie ihm zu Unrecht angelegt hatte.

Was ihm auf den Magen schlägt, ist die bedrohliche Lage, in die er hineingeschlittert ist.

Als sich Siggismund nach dem letzten Krieg, wie er die Wende immer nannte, eine neue Arbeit suchen musste, kam er als gelernter Fliesenleger auf die Idee, mit Wand- und Bodenplatten zu handeln.

Fliesen waren in der DDR nach dem Auto die zweitgrößte Mangelware. Was hatten die Leute nicht damals für Kopfstände gemacht, um ein paar solcher Wandplatten zu ergattern. Jahrelanges Warten auf die Zuteilung.

Wer großzügige Westverwandte hatte, konnte mit derem richtigem Geld über Genex an sie herankommen, andere schmuggelten sie gut versteckt aus der Tschechei ein. Der Fliesenhunger war immens nach der Wende und Siggis Geschäft lief gut, bis ringsum die Baugroßmärkte wie Pilze aus Wiesen und Äckern schossen, die den Leuten die Keramikplaten zu Dumpingpreisen hinterherschmissen.

Schon die ersten Monate dieses verhexten Jahres 1999 hatten ihm arg zugesetzt. Der Geschäftsgang, schleppend wie nie, warf die Schatten der Pleite voraus. Familiäre Spannungen kamen hinzu.

Durch eine Anzeige aus den eigenen Reihen war er den Führerschein losgeworden. Als er illegal weiter Fliesen durch die Gegend fuhr, hatten sie ihn wieder verpfiffen und im April war der VW-Bus dann auch noch weg. Offenbar kam wirklich ein Unglück selten allein. Während er in seinem Büro, kopflos geworden, den ganzen papiernen Geschäftskram verbrannte, kam es zwei Kilometer weiter in seinem Haus zu einer Verpuffungsexplosion, ohne dass nennenswerter Schaden entstand.

Ein Blindstopfen war aus der Gasleitung gedreht worden, eine nachweislich seiner Rohrzangen lag daneben auf dem Fußboden. Daraufhin hatte man Siegesmund des Mordversuches beschuldigt. Deshalb darf er jetzt die Fahrt in die Untersuchungshaft antreten.

Er kann nur hoffen, dass die Kripo gründlich ist und den wahren Hergang möglichst bald herausfindet.

Der Pfeifer Siggi im Knast. Was werden nur seine Bekannten und Kumpels davon halten, werden sie ihn alle fallen lassen wie eine heiße Kartoffel?

Nach einer Runde um den Görlitzer Postplatz hält die Minna vor dem Gerichtsgebäude. Freitagnachmittags sind viele Leute unterwegs, sie starren neugierig auf seine silberne Acht an den Handgelenken. Unangenehm, doch der Weg ist kurz, und hier kennt ihn ja keiner.

Auf einem Stuhl vor dem Zimmer des Haftrichters ist erst einmal Warten angesagt. Siggi wundert sich, die Behörden-Regel „Freitag nach eins macht jeder Seins" scheint hier offenbar nicht zu gelten.

Eine Angestellte kommt aus der Tür und erklärt seinen Begleitern, dass es noch ein Weilchen dauern könne, der Chef bearbeite gerade einen ganz schweren Brocken.

Siggi wird neugierig. Schwerer Brocken, doch nicht etwa der Bankräuber, den sie gestern in Weißwasser geschnappt hatten?

Er ist enttäuscht, als die Tür aufgeht. Nein, der schon etwas ältere schlanke Mann mit dem Haarkranz um den kahlen Mittelkopf, der von zwei Beamten begleitet auf den Flur tritt, ist garantiert nicht der Bankräuber.

Ein Schriftstück unter den linken Daumen geklemmt, versucht dieser vergeblich die Handschellen zu verbergen. Es sieht aus, als hätten sie ihn direkt von der Arbeitsstelle geholt: Abgetragene Cordhose mit einem eingerissenen Dreiangel in Höhe des rechten Schienbeines, blaues Nicki, wahrscheinlich ein Schwarzarbeiter.

Der Mann ist total fertig, stellt Siggi fest, hochgradig nervös. Seinen Körper kann er kaum noch beherrschen, es rüttelt ihn durch, als hätte er Schüttelfrost.

Ein nobler Herr im guten Anzug redet auf ihn ein, wahrscheinlich sein Anwalt. Doch den Häftling scheinen seine Worte nicht zu erreichen, der starrt ins Leere. Arme Sau, denkt Siggi.

Nun ist er selbst beim Haftrichter an der Reihe. Die Arroganz, die der Mann mit der kleinen Brille und dem kurzen Haarschnitt hinter dem Schreibtisch ausstrahlt, widert ihn an. Siggi registriert, dass mehrere Fakten und Zeiten in seinem Vortrag nicht mit denen aus dem Polizeibericht übereinstimmen, den er vormittags in Löbau einsehen durfte. Er fährt dem Richter in die Parade, was der unfehlbaren Persönlichkeit erwartungsgemäß höchst missfällt.

Die arrogante Schale ist sichtbar angeknackst, als er seine Sekretärin beauftragt, den entsprechenden Vermerk in die Akten vorzunehmen.

Auf dem Innenhof des Gerichtstraktes werden Siggi die Handschellen abgenommen. Zehn Minuten Zwischenstation in einer zwei mal einen Meter kleinen Wartezelle, die ihn an die Röntgenumkleidekabinen im Krankenhaus erinnert, nur dass es dort wesentlich sauberer ist.

Dann wird er zur Aufnahme übergeben. Ausweis und 70,90 DM wandern in eine Plastetüte, im Tausch gegen ein Paket, in dem alles drin sei, was er brauchen würde. Woher wollen die Heinis wissen, was ich brauche, fragt er sich.

Der Diensthabende versucht an der Tür des Haftraumes 008 die Riegel zurückzuschieben. Der zweite klemmt nur leicht, doch mit dem dritten hat er Probleme. Dann steckt er den Schlüssel ins Schloss, schließt zweimal herum, und siehe da, die Tür zu seiner neuen Unterkunft geht doch noch auf, innen hat sie keine Klinke.

Siggi ist von soviel Sicherheitsvorkehrungen beeindruckt. Die müssen doch hier mehr Angst als Vaterlandsliebe haben!

Übelster Zigarettengestank schlägt ihm entgegen. Der übervolle Aschenbecher auf den Tisch zieht ihn magisch an. Noch ehe er sich im Raum umschaut, fliegt das Ding im hohen Bogen in den Abfalleimer. Abfalleimer? Ein stinkender Dreckpott ist das! Die Wände sind mit dummen Sprüchen aus aller Herren Länder beschmiert, wenigstens Russisch, Tschechisch, Polnisch und vielleicht auch Serbokroatisch kann er neben Deutsch ausmachen.

Menschen in so ein Mistloch zu stecken, was denken die sich eigentlich dabei?

Erst als er missmutig sein Deckenbündel auf die Pritsche geworfen hat, merkt er, dass er nicht allein ist.

Der Mann vor ihm komplettiert das Übel, es ist der zittrige Kunde, der vor ihm beim Haftrichter war.

„Moin!“, sagt Siggi, obwohl es Spätnachmittag ist, „Tag!“, lautet die Antwort.

Na wenigstens ein Deutscher, doch kein Gastarbeiter.

Der Bettenbau dauert nur wenige Minuten, Plastbesteck, Zahnputzzeug und das Stück Seife sind schnell im Schrank verstaut. Der Kunde in der zerfetzten Samthose will ihm ständig ein Gespräch aufdrängen, doch Siggi ist sauer und reagiert nicht drauf.

Nach Katzenwäsche und Latrinenbesuch knallt er sich auf die Pritsche. Er versucht zu schlafen, doch sein Zellengenosse nervt ihn. Mindestens eine halbe Stunde vor ihm war der hier und kommt ewig mit seinem bisschen Krempel nicht zurecht. So ein Umstandskasten!

Jetzt steht er am Bett. Den Kopf aufgelegt, fängt er an zu heulen und zu schluchzen. Dabei zerschlottert es ihn wieder wie vorhin vor dem Richterzimmer. Irgendwie tut er ihm doch leid.

Siggi ist am Einschlafen, als das laute Türriegelspiel erneut beginnt und der Nächste mit einem Deckenpaket erscheint. Keine zehn Minuten später kommt der Vierte.

Siggi ist ärgerlich. Das geht ja hier zu wie im Taubenschlag! Er interessiert sich nicht für die Unterhaltung der drei. Hellhörig wird er erst, als sie sich gegenseitig bekannt machen und der Zitterkunde sich als „Rotkäppchen“ vorstellt.

Mit dem Namen können die andern beiden nichts anfangen. „Eigentlich heiße ich Heinz-Otto Hermann, den Märchennamen hat mir die Presse wegen meiner Banküberfälle mit der roten Maske verpasst.“

Siggi geht der Hut hoch, er springt von seiner Pritsche. „Eh, du Großmaul, wenn du Rotkäppchen bist, fresse ich einen Besen und bin der Wolf! Weißt du unbeholfener Jammerlappen überhaupt, wer Rotkäppchen ist? Ein gerissener, eiskalter und mit allen Wassern gewaschener Bankräuber!

Wahrscheinlich warst du schon draußen ein Hochstapler, deshalb haben sie dich eingebuchtet! Zufällig hast du gehört, dass sie den Bankräuber gestern in Weißwasser geschnappt haben, und schon bist du Weichei Rotkäppchen, lächerlich!

Eins muss man dir lassen, du hast eben kurz vor seinem Ende den besten Witz des ganzen Jahrtausends gerissen.“ - „Ei gucke!“, sagt der, der sich als Bartusch vorgestellt hatte, „der Pritschenpenner von da oben kann sogar reden!“

Rotkäppchen oder auch nicht Rotkäppchen verteidigt seine Bankräuberehre nur mit einem kurzen giftigen Blick zu Siggi. Dann haut er sich, diesmal scheinbar wutheulend, auf seine Pritsche.

„Ach leckt mich doch alle am Arsch!“

Am nächsten Morgen hat er sich wieder beruhigt, doch Siggi geht er aus dem Wege, kalter Krieg.

Siggi tut, als interessiere es ihn nicht, wenn sich die drei unterhalten und wird stutzig. Was der Mann da erzählt, das kann er sich unmöglich alles nur ausgedacht haben.

Wahrscheinlich ist er doch Rotkäppchen.

Knacki

Am Sonntagabend werden sie endlich aus dem Mistloch geholt. Siggi kommt mit Heinz-Otto in eine Zweierzelle. Das kann ja heiter werden, bei der Schweigewand zwischen ihnen, denkt Siggi und macht den Anfang.

„Du, Heinz-Otto, entschuldige wegen vorgestern Abend, ich war einfach durchgeknallt.“

„Vergiss es, schon abgehakt. An deiner Stelle hätte ich wahrscheinlich auch nicht anders reagiert, so wie du mich erlebt hast.“

„Heinz-Otto, darf ich dich „Knacki“ nennen?“

Zum ersten Mal lacht Heinz-Otto, laut sogar. Doch es ist ein Lachen, das Siggi so noch nie gehört hat. Er glaubt, endlich zu begreifen, was Galgenhumor bedeutet.

„Nenn mich wie du willst, meinetwegen auch Knacki! Doch es ist geschmeichelt.

Arschloch, Vollidiot oder Hornochse wären sicher angemessener.“

Knackis Gefühlswelt ist völlig anders konstruiert als Siggis.

Unter einer dünnen und nur scheinbar rauen Bankräuberschale verbirgt sich ein tiefes, weit verzweigtes und hochsensibles Inneres, das Siegesmund nicht kennt und sicher auch kaum richtig begreifen wird.

Eine solche Tierliebe hat er selbst nie erlebt, die Feinheiten der Natur, für die sich Knacki schwärmerisch begeistern kann, nie gesehen. Besonders tief in ihm wühlen die Sorgen um seine Familie.

Sobald das Gespräch auch nur in deren Nähe tendiert, wird er apathisch.

Als sie sich eines Mittags gegenübersitzen und fleißig einen feinen Bohneneintopf in sich hineinlöffeln, fällt Siggi auf, dass an Knackis rechtem Mittelfinger das letzte Glied fehlt.

„Sag mal Knacki, hast du bei deinen Überfällen Handschuhe getragen?“

„Nee. Wieso denn?“

Erst als Siggi wissen will, wie lange er schon einen verkürzten Mittelfinger hat, begreift er die Frage.

„Mensch, jetzt hast du mir nachträglich einen Schreck eingejagt! Dass ich daran nie gedacht habe! Aber du hast Recht, wenn das eine Überwachungskamera erfasst hätte, wäre es für mich eng geworden.

An die Frau Schuster hinter dem Schalter in Arnsdorf darf ich dabei gar nicht denken, da hätte mich ein Empfangskomitee schon zu Hause im Wohnzimmer erwartet. Wahrscheinlich rettete mich, dass ich die Pistole immer in der rechten Hand hatte. Unglaublich, was sich die Kripo bei solchen Sachen für Strohhalme angelt.

Einmal waren sie nahe dran, mich in die engere Wahl zu ziehen. Bei Eisenberg lief mir ein Schäfer mit seiner Herde über den Weg. Zum Ausweichen war es zu spät Um keinen Verdacht zu erwecken, ließ ich mich auf ein Gespräch mit ihm ein, erzählte, dass ich auch von seiner Zunft sei.

Zum Glück unterschätzte er mein Alter. Bis zum Geburtsjahrgang vor mir hatten sie alle Schäferlehrlinge aufgestöbert, erfuhr ich gestern.“

„Und wie bist du die Fingerkuppe losgeworden?“

„Beim Auswechseln des Luftfilters am Panzer fiel die wenigstens einen Zentner schwere Klappe zu, Eisen auf Eisen, dazwischen mein Finger.“

„Wie bei einer Schlagschere.“ meint Siggi. „Nicht ganz, der Knochen war zermanscht, musste amputiert werden.“ Siggi schüttelt es.

„Und der Nebenfinger? Der sieht doch wie umhäkelt aus.“

„Ist er auch. Ein Jahr später kam wieder eine Klappe geflogen, die zwei Meter lange Lukenklappe meines Schützenpanzers von hinten.

Nach einem Kolonnenstopp zog mein Fahrer ziemlich schnell an, als ich noch mit etwas Essbarem in der Hand auf dem Beifahrersitz stand. Ein Graben oder eine Bodenwelle haute nicht nur mich vom Sitz, sondern auch die Klappe zu."

„Du hättest sie also genau so gut auch auf den Kopf oder ins Kreuz kriegen können?"

„Sicher, doch zum Glück war es wieder nur ein Fingerglied. Der rote Saft lief nur so. Am Medpunkt wiesen sie mich wegen Belanglosigkeit ab, nicht mal einen Notverband hatten sie für mich übrig.

Doch die Schmerzen nahmen zu, das Hämmern zog sich mehr und mehr durch den ganzen Körper. Da machte ich mich selbstständig, kommandierte meinen Fahrer mit dem voll aufmunitionierten Panzer in die nächste Stadt, nach Luckenwalde vor das Krankenhaus. Ein kompetenter Arzt war sofort zur Stelle. Nachdem er meine Dienstpistole in den Pillenschrank eingeschlossen und meinen Finger betäubt hatte, häkelte er das lose Fleisch wieder um den Knochen.

Eine halbe Stunde später und er hätte amputieren müssen, meinte er. Dann das Theater hinterher! Keine Sau konnte uns sagen, in welche Richtung unsere Truppe weitergezogen war. Ich jagte meinen Fahrer zum Gefechtsstand. Doch die Herren Offiziere wussten genau so viel wie der Fahrer und ich, rein gar nichts. Die Feindberührung sei im vollen Gange, sie könnten überall sein. Na prima! Wenigstens durften wir unser Fahrzeug auftanken. Volle zwei Tage irrten wir durch Brandenburgs Wälder, ehe wir die Einheit fanden. In dem Wirrwar war auch nicht einem aufgefallen, dass wir fehlten."

Siegismund kommt aus dem Kopfschütteln nicht heraus, wenn Heinz-Otto von den Hetzjagden nach seinen Überfällen berichtet. Auch hat er stets den Eindruck, dass der Bankräuber draußen und der Erzähler neben ihm zwei verschiedene Personen seien.

Ein Weichei hat er ihn genannt. Aber schwimmt ein Weichei bei Gefrierpunkttemperaturen über zweihundert Meter durch einen Kanal? Schon bei dem Gedanken daran haut es Siggi fast die Zähne aufeinander.

„Weißt du, Knacki, dass es mich immer wieder schaudert, wenn ich an deine Kanalschwimmnummer denke. Du musst doch steif wie eine Leiche gewesen sein, dann auch noch die Rennerei hinterher!"

Knacki lächelt. „Was denkst du, was der Körper für eine Energiemenge als Wärme bei so einer Hatz nach außen abgibt, ganz zu schweigen von den zusätzlich mobilisierten Reserven, wenn du um dein Leben rennst. Gefroren habe ich dabei überhaupt nicht."

Siggi ist skeptisch. „Trotzdem, mich hätten keine zehn Pferde in die kalte Brühe gebracht. Ich wäre am Ufer stehen geblieben und hätte mir in die Hosen gemacht."

Knacki grinst. „Bist eben auch ein Weichei."

Auslauf auf dem Gefängnishof

Nachträgliche „Beförderung“ zum Kampfschwimmer

„Fast unerträgliches Kältebibbern im Wasser habe ich nur einmal und das auch noch im Hochsommer bekommen, bei idealem Badewetter.“

Jetzt fängt er an zu spinnen, Siggi ist davon überzeugt, aber auch neugierig.

„Nach meinem Überfall in Waren im August vorigen Jahres, bei warmem und sonnigem Sommerwetter. Drei Sparkassen hatte ich schon unter die Lupe genommen, alle ungeeignet. Außerdem rollten auffällig oft Polizeiautos durch die Straßen.

Aber das konnte mit den Wahlen am Wochenende oder mit dem Bundeskanzlerbesuch in Neustrelitz zusammenhängen, den überall große Plakate ankündigten.

Doch es gab noch eine vierte Sparkasse, die ausgesprochen günstig lag. Geradezu ideal für einen Überfall war der Kassenraum, am einzigen unverglasten Schalter konnte ich sogar hinter die Kassentheke sehen und darauf achten, dass auch wirklich alle ordentlich in die Schübe einsortierten Geldbündel in meinen Beutel wanderten.

Um zum Wald zu kommen, musste ich auf einem Feldweg den Schilfgürtel eines kleinen Sees umlaufen. Nur noch vierhundert Meter bis zum Wald. Hinter mir keinerlei Aufruhr. Gelaufen, dachte ich, und drehte mich kurz um, bevor ich zum Sprint ansetzte.

Das Blut erstarrte mir in den Adern, lautlos rollte in knapp zweihundert Metern Entfernung ein grün-weißes Auto mit blauem Querbalken hinter mir her. Warum fährt der so langsam? So schlecht ist der Weg doch gar nicht!

Aus, aus, aus, hämmerte es in den Schläfen bei jedem Schritt. Links war plötzlich der Schilfgürtel unterbrochen, ein Bootssteg.

Aus vollem Lauf stürzte ich mich über den Steg in den See.

Uralte Überlebensinstinkte werden geweckt.

Klamottenschwimmen hatten wir häufig trainiert, und ich wusste genau, wie hinderlich die Klunkern sein konnten. Nur schnell runter damit! Den Beutel musste ich fallen lassen, weil ich beide Hände brauchte, um Schuhe, Jacke und Hose vom Leib zu bekommen.

Eine Qual war das zwischen den abgestorbenen Schilfstängeln so dicht über dem schlammigen Boden, den ich keinesfalls aufwühlen wollte. Die Luft ging aus, doch auftauchen durfte ich erst wieder im schützenden Schilfgürtel. Es war knapp, fast wäre mir der Schädel zersprungen.

Am Ufer war inzwischen Verstärkung eingetroffen. Am gegenüberliegenden tat sich noch nichts, aber hinter mir wurde der Tumult immer lauter.

Heilloses Stimmengewirr, ein Auto nach dem anderen kam. Zum x-ten Male erklärte der Polizist, der mich im Auto verfolgt hatte, den Neuangekommenen, dass am Steg ein Mann ins Wasser gesprungen und spurlos verschwunden sei. Mir war klar, dass sie mich im Schilf bald finden würden. Was tun? Dreißig Meter draußen entdeckte ich einen größeren Schilfhaufen, einem Schwanennest ähnlich.

Die dreißig Meter dorthin zu tauchen war nicht das Problem. Aber würde ich auch die Richtung halten können, um es von unten sicher zu finden? Schon nach zehn Metern wurde ein dunkler Fleck an der Wasseroberfläche sichtbar, also nicht zu verfehlen.

Die Ausdehnung etwa zwei mal eineinhalb Meter, ergab die Betrachtung von unten."

„Größer als die Wartezelle!", warf Siggi ein, „Und bist du durchgekommen?"

„Ganz einfach war es nicht, mit beiden Händen und Unterarmen musste ich mächtig in dem Klumpen drehen und bohren, bevor ich den Kopf über das Wasser bekam.

Jetzt könnt ihr den Schilfgürtel, der auch von hier die Sicht zum Ufer versperrte, umpflügen bis ihr schwarz werdet, dachte ich mir.

Da vernahm ich mit Schrecken, dass sie einen Hund ins Wasser trieben: „Such, such! Hol ihn raus!" Der Schäferhund paddelte am

Schilfgürtel entlang und machte sich an der nächsten Schneise wieder aus dem Wasser. Gott sei Dank!

Doch sie jagten ihn wieder hinein. Vorsichtshalber tauchte ich so weit ein, dass es gerade noch zum Atmen reichte. Aber der Hund strampelte viele Meter an meiner schwimmenden Insel vorbei. Er tat mir Leid. Immer wieder musste er ins Wasser und konnte nicht verstehen, warum er an diesem Tage so lange baden sollte.

Am Ufer wurde man hörbar ungeduldig. „Das kann doch nicht sein, ich habe ihn doch mit eigenen Augen reinspringen sehen!", lamentierte mein Verfolger verzweifelt. „Ich doch auch, der muss hier sein!", bestätigte laut eine zaatschige Frauenstimme.

Missmut macht sich hinter dem Schilfgürtel breit. Was werden die sich jetzt wohl einfallen lassen, fragte ich mich. Ein Motorboot, einen Hubschrauber?

Jedes Wort konnte ich mithören. Unzählige Gespräche mit der Leitzentrale wurden geführt, die einen Hubschraubereinsatz abzulehnen schien.

Trotz der Wassertemperatur um zwanzig Grad wurde mir langsam kalt. Fast zwei Stunden steckte ich schon regungslos in meinem feuchten Nest. Warum suchten sie den Schilfgürtel nicht ab? Warum waren sie sich nur so sicher, dass ich weiter draußen hockte?

Ein schrecklicher Gedanke durchfuhr mich wie ein Blitz! Ein einzelnes Geldpäckchen hatte uneingeordnet etwas abseits gelegen. Ich hatte einen Sender abgefasst! Deshalb war das Polizeiauto so langsam hinter mir hergezuckelt. Sie waren meiner sicher, hatten mich im Pieper. Doch wenn er im Wasser noch funktionierte, hätten sie längst einen Taucher herzugeholt. Schlagartig fror mich noch mehr. Durch Muskelbewegungen versuchte ich die beginnende Kältestarre einzudämmen.

Der Hund hatte die Schnauze endgültig voll und verweigerte den Badedienst. Über drei Stunden belagerten sie mich nun schon. Bis es dunkel wurde, konnte ich ohne Bewegungsmöglichkeit erfroren sein. Doch völlig unerwartet wurde zum Abbruch geblasen.

„Wir können abbrechen, eine Frau hat ihn gesehen und eingehend beschrieben, es geht ein Fahndungsbild raus", ertönte eine Stimme auffallend laut hinter der Schilfbarriere.

Ich war mir sicher, nichts als ein mieser Trick, sie versuchten, mich herauszulocken. Wer weiß, wo sie überall auf der Lauer lagen, sobald die Dämmerung hereinbrach. Ein Wagen nach dem anderen wurde angelassen und entfernte sich vom Ufer. Still wurde es. Weit und breit, kein Ton mehr zu hören, fast unheimlich die schlagartige Ruhe nach dem stundenlangen Tumult.

Vorsichtig schob ich den Oberkörper auf das Schilfpolster und ruhte mich aus. Es gelang mir nicht zu verhindern, dass die Zähne unaufhörlich aufeinander schlugen. Der ganze Körper begann vor Kälte zu zittern. Es ging nicht mehr ohne Bewegung. Mit vorsichtigen Zügen, darauf bedacht jedes Plätschern zu vermeiden, glitt ich vor den Steg, an die Eintauchstelle. Nach Schuhen, Klamotten oder gar dem Beutel zu suchen war witzlos. „Was hattest du denn überhaupt noch an?", will Siggi wissen. „Socken, Turnhose und das gleichfarbige Turnhemd.

So sehr sich Augen und Ohren auch in die Dunkelheit bohrten, sie fingen nichts ein. Nirgends bewegte sich etwas, als ich aus dem Wasser glitt.

So sehr mich auch fror, blieb ich ein paar Minuten flach auf der Wiese liegen, aber nichts regte sich ringsum." - „Und wie viele Kilometer hattest du noch vor dir?", interessiert sich Siggi.

„Satte vierzig!" - „Und die hast du gepackt?" - „Gepackt schon, aber frage nicht wie. Am meisten vermisste ich die Schuhe.

Der Ziegel- und Betonschutt auf den Wegen sorgten dafür, dass sich die Socken bald in Wohlgefallen auflösten. Schon weit vor Neustrelitz waren die Fußsohlen wund gelaufen. Dazu hatte das Wetter in der Nacht völlig umgeschlagen, das anfängliche Nieseln hatte sich zu einem strammen Landregen gemausert. In der Stadt liefen die Leute mit hochgeschlagenen Kragen und Regenschirmen durch die Straßen, und ich platschte barfuß in Turnhemd und Turnhose auf der Bordsteinkante entlang.

Einige haben mir aus der Ferne sogar einen Vogel gezeigt."

Die Riegel schrammen, die Zellentür geht auf: „Herr Hermann, zum Verhör!"

Siegesmund ist unsicher, kann er ihm diese Story unbesehen abnehmen? Irgendwie hat sich bisher immer bestätigt, was er erzählte.

Mit heiterer Miene kommt Knacki zurück. „Siggi, du kannst dir nicht vorstellen, wie gründlich die Polizei ist. Sie haben im See den Geldbeutel und meine Klamotten gefunden!"

„Und das heitert dich auf?"

„Das nicht, akribisch bis fast auf den einzelnen Tag wollten sie wissen, was ich bei der Armee alles gemacht habe. Nichts, aber auch gar nichts habe ich ausgelassen. Doch sie waren unzufrieden, ich hätte ihnen was verschwiegen, ‚Nichts, was ich wüsste', habe ich geantwortet. Wann und wo ich als Elitekampfschwimmer ausgebildet und eingesetzt worden wäre, wollte der Kommissar wissen. Da habe ich ihn ausgelacht: ‚Nie und nirgends!' Mit grimmigem Gesicht hat er mich weggeschickt."

Und er fuhr fort: „Das war aber nicht das einzige Lustige. Vorher musste ich meinen Fluchtweg nach meinem Überfall auf die Hauptsparkasse in Bad Düben genau beschreiben.

Kurz vor Weihnachten war das. Um eine Laufstrecke einzusparen, fuhr ich von Eilenburg mit dem Linienbus dorthin, hatte also viel Zeit. Auf dem Weihnachtsmarkt des verträumten Städtchens war die Luft mit vielen verführerischen Düften geschwängert. Einigen konnte ich nicht widerstehen. Nach einem halben Hähnchen verschwand in mir noch eine köstliche Bratwurst, dazu und danach viel Glühwein.

Um mir die Zeit zu vertreiben, unternahm ich eine kleine Wanderung ins verschneite Muldental. Meine Fußabdrücke im unberührten Schnee inspirierten mich zu einem neckischen Spurenspiel. Mal kleine kurze Trippelschritte, dazwischen weit ausgreifende, ab und zu ein kleiner Sprung.

Erst das Ganze dreihundert Meter nach links, fünfzig Meter deckungsleich in den Spuren zurück, was bei den Sprüngen nicht immer hundertprozentig gelang, dann wieder ein Abzweig nach rechts.

Ob ich damit die Polizei nach meinem Einbruch verwirren könnte, war ungewiss. Es war eher unwahrscheinlich, dass sie mich gerade in der Muldenaue suchen würden. Aber es machte Spaß und ich hatte Zeit dazu.

Jede Spur verlief ins Nichts, hörte einfach auf. Einige endeten mitten auf der Wiese, eine vor einem Gartenzaun. In ein leer stehendes Haus ließ ich auf diese Weise zwei Personen hineinmarschieren, ohne dass eine Spur wieder herausführte.

Damals habe ich mich gewundert, dass hinter mir nach dem Verklingen der Autosirenen alles so ruhig blieb. Die Polizei hatte tatsächlich meinen Spurenirrgarten in der Muldenaue entdeckt und lange herumgerätselt. In das Haus traute sich wegen der zwei Spuren keiner hinein.

Fatal war natürlich, dass der Hund, den sie erst holen mussten, unverrichteter Dinge wieder herauskam. Sogar der Kommissar konnte nicht ganz verbergen, dass er sich amüsierte, als ich ihm mein Fährtenspiel beschrieb."

Nur noch ein Schatten seiner selbst

Abends ist wie immer Kartenspiel angesagt, erst dreißig Runden Rommee, anschließend Mau-Mau. Und wie jeden Abend verliert Knacki auch heute wieder haushoch. 25:3 für Siggi steht es. Er hat seinen Gegenspieler dreimal absichtlich gewinnen lassen, damit er nicht ganz verzweifelt.

Siggi trickst ihn mit flinken Händen nach allen Regeln der Kunst aus. Dazu kann er an Knackis Mimik erkennen, wohin er die für ihn wichtigsten Karten steckt. Doch der merkt nichts, absolut nichts.

Siggi schummelt so auffällig, dass es einem Blinden mit Krückstock auffallen müsste. Knacki registriert es nicht.

Verbissen in seine Karten stierend, bekommt er nicht mit, was auf dem Tisch vor ihm abläuft, dazu die Nervosität und Hektik, die er sich aufzwingen lässt.

Siggi ist schockiert. Ihm gegenüber sitzt doch nie und nimmer der Mann, der in den gefährlichsten Situationen jede Nuance seiner Um-gebung blitzschnell erfassen und darauf richtig reagieren konnte. Mit einem nervlichen Wrack, das nach Wochen immer noch zusammenzuckt, wenn der Türriegel klirrt, vertreibt er sich hier die Zeit.

Die Gedanken haben ihn abgelenkt, Knacki gewinnt das Spiel. „Sag mal, Heinz-Otto," wirft Siegesmund ein, als die Karten neu gemischt werden, „hast du schon einmal darüber nachgedacht, was dir deine fast unmenschlichen Strapazen an Angst, Schweißausbrüchen, Frieren, Laufen und Schwimmen um dein Leben eingebracht haben? Ich meine, ob es sich gelohnt hat?"

Eigenartigerweise bekommt er das Wort Knacki dabei nicht über die Lippen.

„Habe ich, draußen schon und hier in diesem Loch erst recht. Immer wieder stelle ich mir diese Frage."

„Und?" Siggismund weiß nicht, ob ihm Heinz-Otto nicht antworten will, oder ob er nur mit den Gedanken schon in der nächsten und letzten Spielrunde steckt. Er hakt auch nicht nach.

Noch nie ist ihm so klar wie heute geworden, was der einstige Bankräuber Heinz-Otto Hermann jetzt für ein armes, verlassenes Schwein ist.

„Heinz-Otto! Schläfst du schon?" - „Nee, warum?" - „Hast du später, als du längst Routine hattest, mal einen Banküberfall ohne Bier und Korn riskiert?" Knacki dreht sich auf seiner Pritsche um.

„Versucht habe ich es einmal, in Tharandt, war aber eine glatte Luftnummer.

Von Klingenberg aus lief ich durch den Tharandter Wald mit seinen breiten Wegen und Schneisen. Statt Korn und Bier hatte ich eine große Flasche Orangensaft im Beutel, mit Vitaminen und so, schmeckte übelst gut das Zeug.

Ich wollte schon aufgeben, weil ich glaubte, aus der engen Schlucht nicht schnell genug herauszukommen. Da entdeckte ich einen Trampelpfad am Steilhang.

Doch vor der Sparkasse traute ich mir nicht die Maske runterzuziehen, wie ganz am Anfang. So sehr ich mich auch dazu zwingen wollte, es ging nicht.

Es war schon zehn nach halb sechs, woher so schnell eine Flasche Korn nehmen?

Um die Ecke machte sich ein vietnamesisches Freiluftkaufhaus breit, dort hatte ich auch Flaschen stehen sehen. Fünfzehn Mark wollte das Mädchen für eine haben, doch in meiner Tasche steckten nur acht. Schnell galoppierte ich zum nächsten Lebensmittelladen. Es klappte, meine acht Mark reichten.

Noch nie hatte ich in einer Viertelstunde eine ganze Flasche Korn ausgekuddelt. Die Wirkung war auch entsprechend. Meine Hemmschwelle glich einem flachen Tiefseerücken, als ich Punkt achtzehn Uhr in die Sparkasse ging.

Ich glaube, die Kassiererin hatte mehr Angst vor meiner Schnapsfahne als vor der Pistole.“ - „Hat es trotzdem geklappt?“, fragt Siggi skeptisch. „Was denkst denn du!

Nur gut, dass ich mich auf der Flucht nicht weiter zu orientieren brauchte, und der lange Steilhang körperliche Schwerstarbeit war, wahrscheinlich ging es mir deshalb oben wieder besser.“

Es ist Donnerstag, Knackis Besuchstag, damit für ihn der aufregendste in der ganzen Woche.

Früh ist aber erst mal der Kraftraum dran. Siggi bringt mit einem Aufwärmprogramm aus seiner aktiven Ringerzeit an Hanteln und Gewichten auch Knacki ins Schwitzen. Halb neun sind beide wieder vor der Zellentür, vor der der Schließer steht.

„Herr Hermann, bitte umziehen und mitkommen!" - „Aber ich muss doch erst duschen!" Der Schließer ist die Ruhe in Person. „Können sie doch, Herr Hermann, wir haben Zeit."

Herr Hermann hat sie nicht, wenigstens nicht für ordentliches Abtrocknen. Mit halbnassem Bein versucht er vergeblich, den Fuß am Hosenfutter entlang bis zum Ausgang der Röhre zu bringen.

Es drischt ihn der Länge lang vom Schrank zum Waschbecken hin auf den Boden. Knacki springt auf und torkelt, den Fuß noch immer in das Futter der Hose verwickelt, gegen seine Pritsche.

„Aber Herr Hermann," sagt der Schließer seelenruhig, „nehmen sie sich doch Zeit, und fitzen sie sich nicht selbst über den Haufen".

Doch Herr Hermann fitzt weiter, wie bei einem Eiertanz auf glühenden Kohlen.

„Hättest du dir doch die Socken vorher angezogen, garantiert wärst du auf dem ersten Ritt durch den Schlauch gekommen!", wirft Siggi ein. Die Socken hat er inzwischen an, allerdings mit den Nähten nach außen. Endlich ist er so weit! Kaum ist die Tür zu, geht sie wieder auf. Der geduldige Schließer schickt ihn mit hochrotem Kopf noch einmal herein, weil er die Hosen verkehrt herum anhat.

„Hast Recht Siggi, mit den Socken zuerst geht es wirklich besser!"

Siggi hat sich über Knackis zirkusreife Ballettclownnummer genau so köstlich amüsiert wie der Schließer. Als das Türriegelgeräusch verklungen ist, schlägt Siegesmunds Lustspielstimmung von einer Sekunde zur anderen in bedrückende Traurigkeit um.

Das ist also der Mann, der sich am flachen Seerand über dem Schlamm zwischen den Schilfstängelresten die Klamotten auszog, ohne dass die nur wenige Meter davon am Ufer Stehenden etwas merkten, der Hunderte von Metern präzis in seinen eigenen Spuren zurücklief.

Was für eine Konzentration dazu gehört, wusste Siggi erst, nachdem er es im Duschraum mit nassen Füßen selbst ausprobiert hatte.

Jetzt kommt der Mann kaum noch in seine eigenen Hosen! Die Arie des Prinzen von Arkadien in Offenbachs Orpheus in der Unterwelt wird dabei in ihm wach:"...doch jetzt bin ich nur noch ein Schatten, dieweil der Tod mich umgebracht."

Heinz-Otto war wirklich nur noch ein Schatten seiner selbst. Den einstigen Heinz-Otto Hermann gab es tatsächlich nicht mehr.

Doch nicht der Tod hatte das geballte, präzis funktionierende Energiepaket umgebracht, er selbst hatte sich in ein erbärmliches Häuflein Asche verwandelt. Von einem hochtalentierten Menschen war nur noch ein Schatten übrig geblieben.

Siggi ahnt, dass um diese Zeit noch kein Familienbesuch anrückt. Sichtbar enttäuscht kommt Knacki zurück.

Irgend eine Sozialtante war wieder mal da gewesen, hatte mit ihm das übliche Frage- und Antwortspiel veranstaltet, bei dem sowieso nichts herausspringt.

Zu seinem Sozialhilfeantrag, den er vor zwei Monaten gestellt hatte, konnte sie ihm ohnehin nichts sagen.

Siggis Antrag war abgelehnt worden, weil er den Besuch in diesem gastlichen Hause mit einer Barschaft von siebzig Mark angetreten hatte. Die waren längst aufgebraucht, für ein billiges Radio, Duschbad, Salz, Senf, Briefpapier. Er teilte es mit Heinz-Otto, dessen Taschen bei der Einlieferung genau eine Mark und einen Pfennig hergaben.

Nach dem Mittagessen wird für Knacki ein Brief hereingereicht. „Von meiner Frau," stellt er fest. „Das bedeutet nichts Gutes, denn wenn sie mir einen Brief schreibt, kommt sie heute bestimmt nicht."

Hilfloser als ein kleines Kind steht er -in sich zusammengesackt- unschlüssig mitten in der Zelle herum und dreht sinnierend den zugeklebten Brief zwischen den Händen.

Er ist moralisch wieder mal am absoluten Tiefpunkt, stellt Siggi fest. „Dann lies ihn doch erst einmal!"

Umständlich öffnet Knacki das Kuvert. „Viola weiß noch nicht, ob sie kommen kann. Sie muss ins Krankenhaus zu einer Handoperation, unklar ist, ob sie anschließend gleich nach Hause darf."

Siggi will ihn aufmuntern: „Warte nur erst einmal ab, es ist noch nicht drei, vielleicht kommt sie doch noch." - „Glaub ich kaum."

Geknickt lässt er sich auf seiner Pritsche nieder. Kurz vor drei klirren die Riegel. „Herr Hermann, Besuch für sie!"

Aber Herr Hermann ist wieder einmal völlig unvorbereitet. Das hektische Umziehen kann sich Siggi nicht mehr mit ansehen und vertieft sich in sein Buch.

Der Gemütsmensch von Schließer ist ärgerlich. „Aber Herr Hermann, sie kennen doch ihre Besuchszeit! Warum sind sie noch nicht umgezogen? Es ist schließlich ihre Zeit, die verloren geht!"

Als er endlich durch die Tür verschwindet, sieht Siggi noch, dass der Schriftzug auf seinem Nicki statt auf der linken Brustseite auf seiner rechten Schulter gelandet ist.

Seine Frau war doch noch gekommen.

Siegesmund war schon Monate wieder ein freier Mann, als er von der Gerichtsverhandlung gegen Heinz-Otto erfuhr.

„Du kommst doch?", hatte dieser ihn beim Abschied gefragt.

„Versprochen!"

Nach der Verkündung des Urteils sprach Siegesmund noch einmal mit Heinz-Otto und war dann der Verlegenere von beiden.

„Siggi, ich bin dir noch eine Antwort schuldig, wegen Lohnen und so. Die kannst du dir jetzt selbst geben:

Elf Jahre in dem oder einem anderen Bau, Viola wird die Scheidung einreichen, sechshunderttausend Mark Schulden und auch das geraubte Geld soll ich zurückzahlen. Wie nur?

Seit heute weiß ich, dass es weniger als nichts geben kann.

Und, hab vielen Dank für alles! Ohne dich wäre ich schon viel eher verzweifelt."